U0561723

本书为国家社会科学基金重大项目
“中国文学在世界文明进程中的作用和影响研究”（项目编号：24&ZD240）阶段性成果

荷兰汉学研究文集

张晓红　著

社会科学文献出版社
SOCIAL SCIENCES ACADEMIC PRESS (CHINA)

序

从一隅到世界：荷兰汉学研究的滥觞与发展

从严格意义上讲，西方汉学肇端于15世纪开始的地理大发现时代（Age of Discovery）。地理大发现时代也称大航海时代，在那个时期欧洲航海者开辟新航路和“发现”新大陆，当时海上霸主是葡萄牙和西班牙。随着适用于航海的帆船的发明，欧亚大陆有了更为便捷的交通工具，贸易往来和文化交流日益频繁。由此，欧洲人才能航行到亚洲，进而抵达中国。与陆上丝绸之路相比，海路更为便捷，装载货物更多。贸易往来需要语言支持，欧洲各国涌现出懂汉语的商人，进而培养出懂汉语的学者，从而促进了欧洲各国与中国的文化交流。荷兰汉学在对外经贸交流中应运而生，这与欧洲其他国家汉学的缘起大同小异。

一　荷兰汉学的滥觞

早在1592年，荷兰地理学家瓦格赫纳（Lucas Jansz Waghenaer，约1533—1606）出版的《航海宝鉴》（*Thresoor der Zeevaert*[①]）一书就已描述在南海航行的所见所闻，包括荷兰第一位

① 荷兰语书名可以英译为“Treasure of Navigation”。

到中国的水手庞普（Dirck Gerritsz Pomp[①]）有关中国的叙述。[②]庞普是范林斯霍滕（Jan Huyghen van Linschoten，约1563—1611）船上的水手，瓦格赫纳从范林斯霍滕那里听来庞普其人其事。1596年范林斯霍滕也在旅行日记《行程：水手范林斯霍滕航行到葡属东印度》（*Itinerario: Voyage ofte schipvaert van Jan Huygen van Linschoten naer Oost ofte Portugaels Indien*[③]）中记述了庞普的有关事迹。[④]

这一类作品说明荷兰开始跟中国有了初步的文化往来，但这还不是真正意义上的汉学研究。真正的荷兰汉学发端于1602年在雅加达成立的荷属东印度公司（Vereenigde Oostindische Compagnie，简称VOC），荷兰政府因此必须派驻管理人员，从此与当地人有了直接接触。当地有很多来自闽南和广东的华侨，这就使荷兰政府直接跟中国话（闽南语和粤语）和中国人打上了交道。荷兰汉学发生之初，荷兰人并没有与中国发生直接联系，如设立领事、从事传教活动、进行商业贸易或进行学术交流，而是为荷属印度群岛（今印度尼西亚）的雅加达培训汉语翻译，他们希望培养“华侨通”，以方便他们与当地大量的福建和广东侨民进行交流和沟通。[⑤]这些翻译从事的工作，并非严格意义上

---

① 他可能是第一个到中国的水手，被别人称为“Dirck China”。见Arun Saldanha, “The Itineraries of Geography: Jan Huygen van Linschoten's ‘Itinerario’ and Dutch Expeditions to the Indian Ocean, 1594—1602,” *Annals of the Association of American Geographers*, Vol. 101, No. 1 (January, 2011), p. 158。

② 转引自C. Koeman, “Lucas Janszoon Waghenaer: A Sixteenth Century Marine Cartographer,” *The Geographical Journal*, Vol. 131, No. 2 (Jun., 1965), p. 203。

③ 荷兰语书名可以英译为“Itinerario: Travel Account of the Voyage of the Sailor Jan Huygen van Linschoten to the Portuguese East India”。

④ 转引自C. Koeman, “Lucas Janszoon Waghenaer: A Sixteenth Century Marine Cartographer,” *The Geographical Journal*, Vol. 131, No. 2 (Jun., 1965), p. 208。

⑤ W. L. Idema, “Introduction,” W. L. Idema (ed.), *Chinese Studies in the Netherlands: Past, Present and Future*, Brill, 2014, p. 4. Also in Pieter Nicolaas Kuiper,

的汉学研究，但他们为中荷沟通交流的方方面面奠定了“第三方”基础。1628 年，赫尔尼俄斯（Justus Heurnius，约 1587—1652）成为荷兰第一位在雅加达传教的新教教士，他编撰了便于传教的《基督教纲要》（*Compendium Doctrinae Christianae*）。这部手稿可能是第一部荷汉和汉拉字典，荷兰汉学名家戴闻达（J. J. L. Duyvendak，1889—1954）和高柏（Koos Kuiper 或 Pieter Nicolaas Kuiper，1951—）都称之为“荷兰汉学研究的第一座丰碑”。[①]从发生学意义上看，荷兰汉学另辟蹊径，从一开始就形成了观照华侨社会及风俗、商业社会及法规文化、非主流社会和地区生产活动方式、非主流文化和非主流意识形态、地域性民间文化习俗等边缘化生活世界和实践活动的独特视野和研究传统。[②]

同时，阿姆斯特丹作为当时的国际出版中心，使荷兰发展成了当时欧洲主要收集和传播中国知识的中心之一。1665 年出版的《荷兰东印度公司的使节出使鞑靼可汗，即今中华帝国》（*Het Gezantschap Der Neêrlantsche Oost-Indische Compagnie*，*aan den grooten Tartarischen Cham*，*Den tegenwoordigen Keizer van China*），[③]

"The Early Dutch Sinologists: A Study of Their Training in Holland and China, and Their Functions in the Netherlands Indies (1854—1900)," Ph. D. Dissertation in Leiden University, 2016, p. 1.

① 手稿现在分别藏于莱顿大学图书馆和大英图书馆。见 J. J. L. Duyvendak，“Early Chinese Studies in Holland，” *T'oung Pao*，Second Series，Vol. 32，Livr. 5（1936），pp. 293-344；Koos Kuiper，“The Earliest Monument of Dutch Sinological Studies Justus Heurnius's Manuscript Dutch-Chinese Dictionary and Chinese-Latin Compendium Doctrinae Christianae（Batavia 1628），” *Quaerendo*，Vol. 35（2005，1-2），pp. 109-139。

② 王筱芸：《荷兰莱顿大学汉学研究群体综述》，见中国社会科学院文学研究所编《走向世界的中国文学研究》，社会科学文献出版社，2010，第 292 页。

③ 伊维德：《荷兰汉学：过去、现在和未来（上）》，马青槐、唐芜译，《传统文化与现代化》1993 年第 1 期，第 79 页。

成了当时荷兰最有影响力的出版物。它其实是约翰·纽霍夫（Joan Nieuhof，1617—1672）的研究报告。即便如此，荷兰汉学当时并未形成气候。

二　荷兰汉学的全面发展

荷兰汉学真正起步始于19世纪。由于汉语翻译的培训并未取得理想效果，荷兰政府决定将其转移到荷兰本土进行，从而开启了荷兰汉学全面发展阶段。这一阶段的标志性成果为大学汉学教授席位的设立。1876年，莱顿大学首先设立汉学教授席位。1877年10月，施古德（Gustaaf Schlegel，1840—1903）出任首位汉学教授。[①] 莱顿大学汉学教授衣钵后来传给高延（J. J. M. de Groot，1854—1921）、戴闻达和胡瑟威（Anthony F. P. Hulsewé，1910—1993）等人。施古德撰有一部四卷本荷兰语—厦门话词典《荷华文语类参》（*Nederlangsch-Chineesh Woorden-buek met de Transcritie der Chineeshe Karackters in het Tsiang-tsiu Dialect*）。[②] 1890年，他与高第（Henri Cordier，1849—1925）联合创办了日后享誉学界的国际汉学研究学术期刊《通报》（*T'oung Pao*），从而为荷兰汉学体系化和规模化发展奠定了学术基础。施古德过世后，他的学生高延继任汉学教授。高延的学术兴趣是研究中国宗教，他著有六卷本《中国宗教系统》（*The Religious System in China*）。高延于1912年离开莱顿大学，转赴德国柏林大学执教，莱顿大学汉学教授一职因而空缺。1919年，戴

---

① 伊维德：《荷兰汉学：过去、现在和未来（上）》，马青槐、唐芜译，《传统文化与现代化》1993年第1期，第79页。

② Gustaaf Schlegel：《荷华文语类参》，教会公报出版社，2008。

闻达受聘担任莱顿大学汉学讲师。此前，荷兰汉学研究的主体都曾在荷属东印度公司任职，而戴闻达则没有荷属东印度公司任职履历，由此可以说戴闻达之于荷兰汉学具有开创先河的意义。1930 年，戴闻达就任汉学教授。同年，在他的努力下，莱顿大学汉学研究院宣告成立，戴闻达出任首任院长，并创建《莱顿汉学丛书》（*Sinica Leidensia*），一直延续至今，集中体现了莱顿大学汉学的学术成就和权威地位。[①] 中国古代法律经典《商君书》和中国先秦哲学经典《道德经》两部译著，均出自戴闻达之手，前者让他擢升为正教授，后者的荷兰语版于 1942 年出版，法语版和英语版于 1953 年、1954 年陆续面世，在国际汉学研究界享有举足轻重的地位。从 1919 年到 1953 年，戴闻达在荷兰汉学界居于主导地位。[②] 胡瑟威接替戴闻达，就任莱顿大学汉语和中国文学方向教授，集中研究中国法律，主要著述有其博士论文《汉律残篇　第 1 卷　前汉书导论及第 22、第 23 章注译》（*Remnants of Han Law Volume 1: Introductory Studies and an Annotated Translation of Chapters 22 and 23 of the History of the Former Han Dynasty*, 1955）、《秦律残篇：1975 年在湖北云梦发现的公元前 3 世纪秦律和行政法规的注译》（*Remnants of Ch'in Law: An Annotated Translation of the Ch'in Legal and Administrative Rules of the 3rd Century B. C. Discovered in Yün-meng Prefecture, Hupei Province, in 1975*, 1985）。

与此同时，荷兰乌特勒支大学也开始设立汉语教学岗位，20 世纪 80 年代中期出任国际比较文学学会主席的佛克马（Dou-

---

① 王筱芸：《荷兰莱顿大学汉学研究群体综述》，见《走向世界的中国文学研究》，第 291 页。

② 伊维德：《荷兰汉学：过去、现在和未来（上）》，马青槐、唐芜译，《传统文化与现代化》1993 年第 1 期，第 82 页。

we Fokkema，1931—2011）即执教于此。这一教职先后由弗格森（Th. T. H. Ferguson）和莫利（J. L. M. Mullie，1886—1976）担任，莫利退休后则长期空缺。佛克马最重要的汉学著作，是其在荷兰莱顿大学完成的博士论文《中国文学与苏联影响（1956—1960）》（Literary Doctrine in China and Soviet Influence，1956—1960）。除此之外，佛克马还有零星的汉学研究成果，如《俄国文学对鲁迅的影响》和《五四时代的中国现代文学》等。佛克马先后在乌特勒支大学任比较文学副教授和教授，其学术兴趣随之转向文学理论和比较文学领域，几十年笔耕不辍、著述颇丰，赢得世界性学术声誉，为荷兰比较文学和汉学研究走向世界做出了卓越的贡献。阿姆斯特丹大学的学者同期也开始关注中国，先后有道教研究专家哈克曼（Heinrich F. Hackmann，1864—1935）和社会学家黑克（Frederik van Heek，1907—1987）。其中，黑克以《西方技术和社会生活在中国》（*Westersche Techniek en Maatschappelijk Leven in China*，1935）和《中国移民在荷兰》（*Chineesche Immigranten in Nederland*，1936）[①] 两部著作而闻名。

高罗佩（Robert Hans van Gulik，1910—1967）是同时代人中的佼佼者，他既是杰出的汉学家，又是著名的外交官。高罗佩潜心研究中国古代房中术，撰写了《秘戏图考——附论汉代至清代的中国性生活，公元前二〇六年—公元一六四四年》（*Erotic Colour Prints of the Ming Period: With an Essay on Chinese Sex Life from the Han to the Ching Dynasty, B. C. 206-A. D. 1644*，1951）和《中国古代房内考——中国古代的性与社会》（*Sexual Life in*

---

① Harriet T. Zurndorfer，"Sociology，Social Science，and Sinology in the Netherlands before World War Ⅱ：With Special Reference to the Work of Frederik van Heek，" *Revue Européenne des Sciences Sociales*，T. 27，No. 84（1989），pp. 19-22.

Ancient China: A Preliminary Survey of Chinese Sex and Society from ca. 1500 B. C. till 1640 A. D., 1961）等著作，为其赢得了较高的国际声誉。高罗佩视野开阔、才华出众，他以佛教题材撰写博士学位论文，在乌特勒支大学获得博士学位，但他并未成为"学院派"汉学家，而是随性所至地研究自己感兴趣的领域。例如，在历史和法律题材方面，对《棠阴比事》的研究和创作"狄公案"（Celebrated Cases of Judge Dee）系列侦探小说；文化史题材方面的研究成果包括其博士学位论文《马头明王古今诸说源流考》、《长臂猿考》（The Gibbon in China，An Essay in Chinese Animal Lore，1967）、《琴道》（Lore of the Chinese Lute：An Essay in Ch'in Ideology，1940）；等等。

三　荷兰汉学的学科拓展

荷兰汉学的第三阶段至关重要，其中最为鲜明的特点就是学科领域大大拓展，形成了五个国际知名的学科群，[①] 推动了荷兰汉学的跨越式发展。这五个学科群的形成，与莱顿大学汉学教授席位的设置密切相关。20 世纪 80 年代，莱顿大学汉学研究院设立了四个汉学教授席位，每一席位代表一个学科群，四位汉学教授领衔四个学科群团队，合力推动荷兰汉学交叉协同和纵深发展。

伊维德（Wilt L. Idema，1944—）是文学教授，领衔中国文学学科群。伊维德早先研究中国早期白话小说，著有《形成期的中国白话小说》（*Chinese Vernacular Fiction*，*the Formative Peri-*

---

① 王筱芸：《荷兰莱顿大学汉学研究群体综述》，见《走向世界的中国文学研究》，第 293—307 页。

od，1974），后来转向中国早期戏剧、说唱文学和宝卷研究，译有《朱有燉戏剧作品》[*The Dramatic Oeuvre of Chu Yu-tun*（*1379—1439*），1985]。伊维德与美国汉学家、亚利桑那大学教授奚如谷（Stephen H. West，1944—）携手合作，共同编译《1100—1450年中国戏曲资料》（*Chinese Theatre 1100—1450: A Source Book*，1982）、《西厢记》（*The Moon and the Zither: The Story of the Western Wing*，1992）、《和尚、土匪、恋人和神仙：十一部早期中国戏剧》（*Monks*，*Bandits*，*Lovers and Immortals: Eleven Early Chinese Plays*，2010）、《战争、背叛和兄弟情：关于〈三国〉的早期中国戏剧》（*Battles*，*Betrayals*，*and Brotherhood: Early Chinese Plays on the Three Kingdoms*，2012）、《赵氏孤儿与其他元杂剧》（*The Orphan of Zhao and Other Yuan Plays*，2015）、《三国志平话》（*Records of the Three Kingdoms in Plain Languages*，2016）和《杨家将四部早期戏曲》（*The Generals of the Yang Family: Four Early Plays*，2019）等作品。伊维德的其他合作成果包括：与荷兰汉学家汉乐逸（Lloyd L. Haft，1946—）合编的《中国文学指南》（*A Guide to Chinese Literature*，1997），与华盛顿大学圣路易斯分校管佩达（Beata Grant）教授编译的《彤管：中华帝国时代的女性书写》（*The Red Brush: Writing Women of Imperial China*，2004）、《脱离血海地狱：目连故事和〈黄氏女宝卷〉》（*Escape from Blood Pond Hell: The Tales of Mulian and Woman Huang*，2011），与布林莫尔学院（Bryn Mawr College）助理教授世明·克瓦（Shiamin Kwa）编译的《木兰经典传说的五个版本及相关文本》（*Mulan: Five Versions of a Classic Chinese Legend*，*with Related Texts*，2010），与斯坦福大学汉语与比较文学系教授李海燕编译的《中国文学中的猫鼠故事与评论》（*Mouse vs. Cat in Chinese Litera-*

ture: Tales and Commentary, 2019)。[①] 他不仅著述丰硕，而且培养了多位卓有成就的博士生，他们后来大多成为独当一面的国际知名汉学家，例如汉乐逸、施聂姐（Antoinette Schimmelpenninck, 1962—2012）、柯雷（Maghiel van Crevel, 1963—）、哥舒玺思（Anne Sytske Keijser）、贺麦晓（Michel Hockx, 1964—）等。

施舟人（Kristofer Marinus Schipper, 1934—2021）是历史学和宗教学教授，他和许理和共同领衔历史学和宗教学学科群。施舟人出生于瑞典，求学于法国巴黎大学，从 1972 年起任法国高等研究院宗教部中国宗教史讲席教授，1992 年起就任荷兰莱顿大学中国史讲席教授，入选荷兰皇家科学院院士。他以道教研究著称于世，一是历时 25 年整理了中国《道藏》文献；二是翻译中国古籍，如《庄子》《老子》《论语》等，著有《道体论》（原著为法语，有英、荷、日、意等语译本）和《道藏通

① 他还有其他一些编译作品如《孟姜女哭长城传说的十个版本》(*Meng Jiangnü Brings Down the Great Wall: Ten Versions of a Chinese Legend*, 2008)、《个人救赎与孝道：观音及其侍者的两种宝卷》(*Personal Salvation and Filial Piety: Two Precious Scroll Narratives of Guanyin and Her Acolytes*, 2008)、《白蛇传》(*The White Snake and Her Son: A Translation of the Precious Scroll of Thunder Peak, with Related Texts*, 2009)、《孝道及其神恩：董永与织女传说及相关文献》(*Filial Piety and Its Divine Rewards: The Legend of Dong Yong and Weaving Maiden with Related Texts*, 2009)、《化蝶：梁山伯与祝英台传说的四个版本和相关文本》(*The Butterfly Lovers: The Legend of Liang Shanbo and Zhu Yingtai: Four Versions, with Related Texts*, 2010)、《包公和法治：1250 年至 1450 年间词话八种》(*Judge Bao and the Rule of Law: Eight Ballad-Stories from the Period 1250—1450*, 2010)、《复活的骷髅：从庄子到鲁迅》(*The Resurrected Skeleton: From Zhuangzi to Lu Xun*, 2014)、《激情、贫困和旅行：客家山歌和民谣传统》(*Passion, Poverty and Travel: Traditional Hakka Songs and Ballads*, 2015)、《天仙配的变异：革命时期（1949—1956）的地方戏曲》[*The Metamorphosis of Tianxian Pei: Local Opera Under the Revolution (1949—1956)*, 2015]、《甘肃河西〈平天仙姑宝卷〉及其他宝卷五种》(*The Immortal Maiden Equal to Heaven and Other Precious Scrolls from Western Gansu*, 2015)、《18 世纪、19 世纪满族女性诗人选集》(*Two Centuries of Manchu Women Poets: An Anthology*, 2017) 和《中国文学昆虫文选及其研究》(*Insects in Chinese Literature: A Study and Anthology*, 2019)。

考》（原著为英语）等。许理和（Erik Zürcher，1928—2008）是施舟人的前任，曾任莱顿大学汉学研究院院长，荷兰皇家科学院院士，主要研究领域是佛教和明末耶稣会士来华对中国的影响，其代表作为两卷本《佛教征服中国：佛教在中国中古早期的传播与地位》（*The Buddhist Conquest of China: The Spread and Adaption of Buddhism in Medieval China*，1959）。许理和在莱顿大学设立当代中国文献中心，推动改变长期以来“厚古薄今”的荷兰汉学研究倾向，为荷兰汉学家研究创新性继承和创造性转化夯实了学理基础。目前该中心的负责人是新一代汉学家弗米尔（E. B. Vermeer，1944—），国际著名汉学家伊维德也曾是该中心成员。包乐史（Leonard Blussé，1946—）主要研究欧亚关系史、东南亚史和华侨，主要著作包括：其博士论文《奇怪的组合：荷兰东印度公司控制时期的巴达维亚的中国移民、混血妇女和荷兰人》（“Strange Company: Chinese Settlers, Mesitzo Women and Dutch in VOC Batavia,” 1986），《向中国朝贡：荷中关系四百年》（*Tribuut aan China. Vier eeuwen Nederlands-Chinese betrekkingen*，1989）、《苦新娘：黄金时代的殖民婚礼剧》（*Bitters Bruid: Een Koloniaal Hunelijks Drama in de Gouden Eeuw*①，1997）等。包乐史还曾长期担任《欧洲扩张和全球互动史国际学刊》（*Itinerario: History of European Expansion and Global Interaction*）主编和《亚洲近现代史研究》（*Modern Asian Studies*）编辑。鉴于荷兰汉学创立之初的特点，有关中国宗教和历史的研究，一直是荷兰汉学未曾间断的传统。从上文可见，自高延开始，通过戴闻达、胡瑟

① Diane Webb 将其译为英语 *Bitter Bonds: A Colonial Divorce Drama of the Seventeenth Century*，2002 年在普林斯顿大学出版社出版。值得注意的是，荷兰语书名与英语书名不完全一致。

威、许理和、施舟人，最后到包乐史，深耕细作、持续高产，形成了生机勃勃、自成体系、多元发展的一个荷兰汉学传统。

梁兆兵（James C. -P. Liang，1936—2020）是语言学教授，也是语言学和文化研究学科群的学科带头人。1971 年梁兆兵以博士学位论文《介词、动介词或动词?：汉语语法的历史和现状评述》（Prepositions，Co-Verbs，or Verbs?：A Commentary on Chinese Grammar Post and Present）获得宾夕法尼亚大学博士学位，1977 年受邀接任专设的莱顿大学语言学教授席位。到任后，梁兆兵将国际心理语言学研究成果运用到汉语教学上，并将汉语教学与中国当代生活进行接轨，推动了莱顿大学现代汉语教学的现代化和科学化。他为莱顿大学汉学院重新编写现代汉语教材，建立了一年级至五年级现代汉语语言训练制度，包括四年级学生要到中国留学一年。这一制度使得莱顿大学乃至荷兰大学的汉语教学质量大为改观，大幅提升荷兰学生汉语听、说、读、写、译能力，同时全方位、全过程、多维度引导荷兰学生关注和研究中国当代现实社会生活，荷兰汉学的后起之秀柯雷和贺麦晓能够讲一口流利的标准汉语，就是这一制度所产生效果的明证。[①]

赛奇（Anthony J. Saich，1953—）任现代中国政治与管理学教授，这一教席也是随中国语言学教授席位一起增设的。赛奇在宋汉理（Harriet T. Zurndorfer，1946—）的指导下完成了题为《中国当代改革：对民用科技领域的研究》（“Reform in Post-Mao China：A Study of the Civilian Science and Technology Sector，”1986）的博士学位论文。赛奇主要研究当代中国政治和治理、中国城市化和城乡不均衡现象、亚洲国家和社会间的相互作用等

① 王筱芸：《荷兰莱顿大学汉学研究群体综述》，见《走向世界的中国文学研究》，第 304 页。

领域。他著述颇丰，代表性著作包括《中国的治理和政治》（*Governance and Politics of China*，2015）、《转型中国提供公共产品》（*Providing Public Goods in Transitional China*，2008）、《中国共产党崛起执政》（*The Rise to Power of the Chinese Communist Party*，1996）等。赛奇领衔的莱顿大学当代中国政治及行政学学科群，从一味关注中国边缘政治和社会群体研究的传统模式，到直面和切入中国共产党和中国政府体制改革的关键点，观照当代中国主流意识形态改革、政治学和行政学等热点问题，创新并拓展了莱顿大学乃至荷兰其他大学的汉学研究传统。[①]

弗米尔代表莱顿大学中国社会经济史学科群，其他成员包括宋汉理、彭轲（Frank N. Pieke，1957—）等。弗米尔的主要著作有《从社会、经济和农业技术情况论中国的水利与灌溉》（*Water Conservancy and Irrigation in China*，*Social*，*Economic and Agrotechnical Aspects*，1977）、《1930年以来中国陕西省中部地区的经济发展》（*Economic Development in Provincial China the Central Shaanxi Since 1930*，1988）和《中国地方志，宋朝至清朝从福建发现的石刻》（*Chinese Local History*，*Stone Inscriptions from Fukien in the Sung to Ch'ing Periods*，1991）等。宋汉理研究中国社会学和中国女性问题，著有《中国地方史的变迁与延续：800—1800年徽州的发展》（*Change and Continuity in Chinese Local History: The Development of Hui-chou Prefecture 800—1800*，1989）、《中国书目：中国参考文献指南，过去和现在》（*China Bibliography: A Research Guide to Reference Works about China Past and Present*，1995）、《帝国主义、全球化与民国时期的肥皂/肥皂业（1912—

① 王筱芸：《荷兰莱顿大学汉学研究群体综述》，见《走向世界的中国文学研究》，第305页。

1937)：联合利华和中国消费者的案例》[*Imperialism, Globalization, and the Soap/Suds Industry in Republican China (1912-1937): The Case of Unilever and the Chinese Consumer*, 2006]，编有《旧日帝国时代的中国女性：新视角》(*Chinese Women in the Imperial Past: New Perspectives*, 1999)，与钱南秀、方秀洁合编《超越传统与现代性：晚清的性别、文体和世界主义》(*Beyond Tradition and Modernity: Gender, Genre, and Cosmopolitanism in Late Qing China*, 2004)。同时，他一直担任以中国性别研究为主题的国际权威学术期刊《男女》(*Nan Nü: Men, Women and Gender in Early and Imperial China*) 和《东方经济社会史杂志》(*Journal of the Economic and Social History of the Orient*) 的主编。

这五个学科群的活跃度长盛不衰，人才辈出、薪火相传，形成强大的学术合力，共同将荷兰汉学推向一个新高度。

四　荷兰汉学走向世界

在新阶段，荷兰汉学有了新的特点，主要表现在：一是荷兰汉学学者广泛活跃在国际汉学界，如汉乐逸、柯雷、高柏和林恪（Mark Leenhouts，1969—）等；二是多位荷兰汉学的杰出代表，如伊维德、赛奇、贺麦晓、彭轲和田海（Barend J. ter Haar，1958—）等拥有哈佛大学、圣母大学、伦敦大学、牛津大学和海德堡大学等国际著名学府汉学教授席位。

汉乐逸原籍美国，后来到荷兰莱顿大学求学，毕业后留校任教，主要研究中国现当代诗歌，其博士学位论文为《卞之琳：中国现代诗歌研究》("Pien Chih-lin: A Study in Modern Chinese Poetry," 1983)，与梁兆兵教授合编《中文商业书信》(*Business and Correspondence Chinese: An Introduction*, 1982)，另著有《十四行诗在中国：形式之含义》（*The Chinese Sonnet: Meanings of a Form*，2000）和《周梦蝶的意识诗》（*Zhou Mengdie's Poetry of Consciousness*，2006）。近些年，他致力于荷语《道德经》新译工作，出品《老子多道新译》（*Lau-tze's vele wegen*）。柯雷目前任莱顿大学中国语言与文学教授兼荷兰莱顿大学孔子学院院长，2010—2016 年曾任莱顿大学区域研究所（Leiden University Institute of Area Studies，简称 LIAS）所长，主要研究中国当代诗歌，代表性著作包括其博士学位论文《破碎的语言：当代中国诗歌与多多》（"Language Shattered: Contemporary Chinese Poetry and Duoduo," 1986）和《精神与金钱时代的中国诗歌——从 1980 年代到 21 世纪初》（"Chinese Poetry in Times of Mind, Mayhem, and Money," 2008）[①] 等。高柏的博士学位论文《荷兰早期汉学家（1854—1900）：在中国与荷兰的训练，在荷属东印度的功用》［"The Early Dutch Sinologists (1854—1900): Training in Holland and China, Functions in the Netherlands Indies," 2015］，2017 年分两卷由博睿出版社出版，深入研究 1900 年以前荷属东印度的 24 位荷兰"翻译者"，钟鸣旦（Nicolas Standaert，1959—）称其为经典之作。[②] 林恪是职业翻译家，以研究韩少功见长，博士学位论文是《以出世状态而入世：韩少功和中国寻根文学》（"Leaving the World to Enter the World: Han Shaogong and Chinese Root-Seeking Literature," 2005），他曾用荷兰语翻译《马桥词典》（*Het Woordenboek van Maqiao*，2002）和《红楼梦》等中国文学作品。2021 年，历时 13 年，由林恪、哥舒玺思和马苏菲（Silvia

① 该书中文版《精神与金钱时代的中国诗歌——从 1980 年代到 21 世纪初》由张晓红译出，2017 年在北京大学出版社出版，2019 年由北京大学出版社再版。

② 钟鸣旦：《低地国家的清史研究》，王学深译，《清史研究》2019 年第 2 期，第 18 页。

Marijinissen）三位荷兰汉学家和翻译家合作完成的首部荷兰语全译本 120 回《红楼梦》正式出版，该译本共四卷，厚达 2160 页，堪称荷兰汉学文学翻译杰出的代表性成果。

伊维德和赛奇关于中国文学和中国政治治理的研究处于国际领先地位。2000 年，伊维德受聘为哈佛大学东亚系中国文学教授兼哈佛大学费正清研究中心主任。同年，赛奇被聘为哈佛大学亚洲中心主任，现任哈佛大学艾什民主治理与创新中心（Ash Center for Democratic Governance and Innovation）主任、哈佛大学肯尼迪政府学院达沃国际事务教授等。贺麦晓在莱顿大学获得博士学位后，曾在伦敦大学亚非学院任中文教授，创办中国研究所并任首任所长，后加盟美国圣母大学，任东亚系中文教授兼刘氏亚洲研究院院长，主要研究中国网络文学、中国近代文学社团和文学期刊以及印刷文化等。贺麦晓著有《二十世纪中国文学场》（*The Literary Field of Twentieth Century China*，1999）、《文体问题：1911—1937 年近代中国文学社团和文学期刊》（*Questions of Style: Literary Societies and Literary Journals in Modern China, 1911—1937*，2003）和《中国网络文学》（*Internet literature in China*，2015）。彭轲曾任教于牛津大学社会学系，而田海曾执教于海德堡大学、莱顿大学，现任牛津大学东亚系中国古代哲学讲席教授。

目前，莱顿大学中国史教授为魏希德（Hilde De Weerdt），在哈佛大学获得博士学位，2013 年加盟莱顿大学前在牛津大学任教，致力于研究中国古代知识分子和政治史，重点研究精英阶层网络如何塑造中国政治，近年来也开始关注数字人文研究。魏希德著有《宋帝国的危机与维系：信息、领土与人际网络》（*Information, Territory, and Networks: The Crisis and Maintenance of Empire in Song China*，2015）、《义旨之争：南宋科举规范之折冲》［*Competition over Content: Negotiating Standards for the Civil Service*

Examinations in Imperial China（*1127—1276*），2007]。中国语言学教授为司马翎（Rint Sybesma），主要研究中国汉语族和非汉语族语言句法。当代中国研究教授为彭轲，主要研究两大主题：一是现代亚洲国家和社会主义的人类学、全球化和市场改革背景下中国共产党的执政能力和组织方式；二是国际移民、跨国主义和文化多样性，包括对欧洲中国移民和族裔的浓厚兴趣，以及最近在中国出现的国际移民群体。他的主要著作有《了解中国：二十一世纪导读》（*Knowing China: A Twenty-First Century Guide*，2016）。

荷兰汉学就这样从荷兰这一隅开枝散叶，遍布全世界，令世界瞩目。与此同时，海外汉学研究在国内方兴未艾，张西平、王宁、姜其煌、张晓红、陈太胜、熊文华、王筱芸、施晔、王进、易彬等学者长期从事比较文学和海外汉学研究，对荷兰汉学亦多有涉猎，业已取得卓越成就！

李伟荣

湖南大学外国语学院教授

深圳大学荷兰研究中心兼职研究员

2021 年 9 月 1 日

目　录

交融：荷兰与汉学

一

圩田上的后现代乐园

关于荷兰，我们知道些什么？国人用郁金香、风车、奶牛、水坝、红灯区和大麻等似是而非的文化符号拼贴成一个亦真亦幻的荷兰形象，但对于这些符号所承载的文化和历史意义或浑然不觉或知之不详。在进行跨文化交流时，国人受制于“门当户对”和“亲疏远近”之类的观念，倾向于追捧强势的和邻近的外国文化。美、英、法、德、日、韩文化元素在国内铺天盖地、潮来潮往，并大量进入学者的研究视野，形成了相当的研究规模和效应。但在中国学术圈内外，荷兰文化远远没有得到应有的关注和重视，产生了中荷文化交流史上信息严重不对称的现象。荷兰莱顿大学汉学系历史悠久、实力雄厚，且拥有欧洲最大的中文图书馆，对于大中华区政治、经济与文化的研究可与香港大学比肩。相形之下，国内的荷兰研究零零星星，尚处于起步阶段。

地处西欧的荷兰国小民寡，国土面积不过 41528 平方公里，人口数约 1700 万。然而，由于荷兰具有悠久的民主传统，在西方现代经贸史上起跑领先，在自然科学和社会科学领域成就斐然，所以它在全球政治、经济和文化格局中的地位不容小觑。早在 17 世纪，荷兰人就创造了辉煌的“黄金时代”。在海外，荷兰以“海上马车夫”的姿态崛起于世，凭借东西印度公司这两大“准军事”实体大力推动海外商贸活动和殖民扩张，积累了令英国、法国和西班牙等欧洲劲旅觊觎的物质财富。在国内，思想解放、科技发达、经济繁荣，涌现出了一大批名垂青史的荷兰文化巨匠，其中包括哲学家斯宾诺莎（Baruch Spinoza，1632—1677）、诗人冯德尔（Joost van Vondel，1587—1679）以及伦勃朗（Rembrandt Harmensz van Rijn，1606—1669）、弗美尔（Jan Vermeer，1632—1675）、哈斯（Mauritz Frederick Hendrick de Haas，1832—1895）等大画家。“黄金时代”的余晖绵延近两个世纪，荷兰于 1900 年前后进入“第二个黄金时代”，而其经济欣欣向荣的 20 世纪末被形容为“第三个黄金时代”。[①] 区区小国何以屡创文化和经济奇迹，其文化能量源于何处？荷兰文化经历着怎样的嬗变？当代荷兰文化的表现又如何？这些问题的解答，有助于我们深度考量荷兰文化的历时和共时表现。

何谓文化？美国人类学家克劳博（A. L. Kroeber）和克鲁柯亨（Clyde Kluckhohn）在《关于文化概念和定义的评述》一书中收集了大量关于文化的定义，对文化与自然、作为知识的文化与作为社会行为的文化、狭义文化与广义文化之间的区别做了辨析。[②] 在本书框架内，文化以单数和复数形式出现，属于广义的文化，它关系到人类行为世界，尤其是行为规范、重复出现的行为方式以及获意识形态许可和支持的行为。这种人类学和社会学意义上的文化概念，与美国哲学家戴维·刘易斯（Da-

① 杜威·佛克马、弗朗斯·格里曾豪特编著《欧洲视野中的荷兰文化：1650—2000 年阐释历史》，王浩等译，广西师范大学出版社，2007，第 35 页。

② A. L. Kroeber & Clyde Kluckhohn, *Culture: A Critical Review of Concepts and Definitions*, Vintage Books, 1965, p. 375.

vid Lewis）所界定的“成规”概念有异曲同工之妙。[①] 所谓“成规”，指的是某一文化群体为了解决某一协调性问题而达成的或短或长、或隐或明的协议。成规既具有约定俗成性，又包含不确定性，它往往受制于环境，每当环境发生变化时，成规一般也会随之改变。例如，中国人的进食主要使用筷子，但在西餐厅里大多数人改用刀叉用餐，依据具体环境临时改变进食成规。再如，中国人见面打招呼的肢体语言是握手，欧美人使用贴面礼，但在新冠肺炎疫情发生之后，“碰肘礼”作为特殊语境中的一种特殊成规应运而生，甚至成为正式庆典和高端政治活动的“标准礼仪”。荷兰文化可以被看作一个成规系统，其间充满互济互补而又互相冲撞的文化成规，其运作机制和运行轨迹与“文化进化论”（cultural evolutionism）的核心思想大相径庭，对“物竞天择”的自然选择和“丛林法则”形成了反动和挑战。本章紧扣文化成规概念，围绕圩田模式、宽容传统、后现代等几个重要的文化现象，批判性地审视荷兰文化的成因、变迁及其双重影响。

（一）圩田模式

与一些欧洲国家相比，荷兰的自然条件先天不足：土地贫瘠，自然资源和基本建筑材料匮乏，境内遍布河流、沼泽和湿地，海水时时发威作难，加上采掘泥炭和排水等农业活动，致使地面不断下沉，一半多的国土低于海平面，荷兰人因而被迫世世代代与自己的“头号天敌”水患作战。海水的最后一次大规模来袭发生在 1953 年 2 月 1 日，当时荷兰西南部大片土地被

① David Lewis, *Convention: A Philosophical Study*, Wiley-Blackwell, 2002, p. 1.

淹没，约1835名荷兰人丧生。之后，荷兰政府花费约30年时间，耗资120亿荷兰盾，修筑了举世闻名的三角洲工程。三角洲工程的主体东斯凯尔德大坝全长3200米，由65坝墩组成，墩与墩之间安装有62个巨型活动钢板闸门。正常情况下，闸门悬起让东斯凯尔德海湾潮涨潮落。海水泛滥时，闸门降落阻拦海水的侵袭。迄今为止，荷兰已经拥有一个庞大而有效的治水系统，它由无数堤坝、护堤、水闸、活动吊桥和运河构成。巨大的水路网四通八达，能够有效地供水和排水，满足区域性水上交通运输的需要，把地区市场与国际市场紧密连接起来。

荷兰人的治水大战与其造地运动亦步亦趋。17世纪上半叶，共有48座湖泊被改造成草地，总面积达27000公顷。过去的水域和半岛成了陆地，自然被制服并成为文化的一部分。大约在1850年，巨大的哈勒姆湖被三台英国蒸汽抽水机抽干。同期，把瓦登海和南海改造成陆地的计划出台，但几年后由于一场暴风雨作祟，工程被迫停止。1932年，一条连接弗里斯兰省和北荷兰省的拦海大坝竣工，全长达30公里。由于引入河水，海水不能自由地回流，两省之间的南海逐渐变成一座内陆淡水湖，即今天的艾瑟湖。荷兰人抽掉部分湖水，在艾瑟湖中建造了四块低地，面积达165000公顷，也就是今天的农业用地威林尔低地和东北低地、商业生活区南弗勒福兰以及半农半商的东弗勒福兰。长期以来，这个低地国家变成“一项巨大的、进行之中的工程，一个巨大的建筑工地，而人们在工地之上、之下进行着永久的建设、改造、破坏和重建”。[①] 在这里，自然与文化、人文与风景水乳交融，形成了一个不可分割的整体。荷兰人齐心

① 杜威·佛克马、弗朗斯·格里曾豪特编著《欧洲视野中的荷兰文化：1650—2000年阐释历史》，第163页。

协力同水作战，携手共造新土地，用艺术创作般的态度和手法创造着自己的家园。

一千多年来，水利管理是关乎荷兰国计民生的头等大事。治水，是和水的供给、使用和排水紧密相连的复合系统。1250年，作为荷兰最早的民主机构的水利委员会正式成立，它至今仍然行使着管理治水系统的职责。1400年前后，风车的发明使问题重重的自然排水状况得到了改善。由于风车造价高昂，荷兰的中小土地所有者不得不集资共同购买一架风车来改良土地状况，由此他们的土地连成治水系统中的一个单元，即一块“圩田”(polder)。被水流隔开的小型社区得到发展，这样既激发了一种集体合作的意愿，又为个人主义和实用主义联姻创造了机会。圩田管理委员会本着协调治水工作的初衷创建协作组织，加强了土地所有者之间的合作关系。“圩田模式”代表着一种独具荷兰特色的生产、经营和管理模式，为荷兰现代民主的诞生奠定物质基础，其历经几个世纪的发展和完善，至20世纪末发展成了一种“兼收并蓄且总体上让每一个人受益的协商文化”。[①]

“圩田模式”沉淀在荷兰人的集体和个体文化记忆里，演变为“荷兰化”的思维方式和生活方式。筑大坝、造圩田和修水道，构成荷兰农业活动的基础，同时也具有将自然“文化化”(culturalization) 的功用。由圩田、水道和防洪堤等治水工事构成的几何图形，与整齐划一、中规中矩的荷兰风景浑然天成、纵横交错，显露出简洁而又深邃的数学之美。荷兰著名的现代抽象艺术大师蒙德里安（Piet Mondrian，1872—1944）用矩形、方形、直线、直角以及纯净的色块构筑几何形迷宫，其艺术表达方

---

① 杜威·佛克马、弗朗斯·格里曾豪特编著《欧洲视野中的荷兰文化：1650—2000年阐释历史》，第27页。

式难说没有受到“圩田模式”的影响。荷兰人在利用堤坝和圩田疏导水流而与之展开持久斗争的过程中，有合作的需要，由此更倾向于克制自身的消极态度，宽容地接受和处理各种消极事物和现象，使得宽容传统最早在荷兰的圩田上生根发芽。[1]

荷兰民主的早熟，与“圩田模式”有着密切联系。早在八十年战争期间（1568—1648），荷兰贵族威廉·奥兰治率领尼德兰人民反抗西班牙国王腓力二世的暴政。出于协调宗教争端和利益分歧的需要，世界上第一个现代共和政体乌特勒支七省联盟于1579年宣告成立，它由一位总督和一个代议制机构统管，前者为现在荷兰王室的先祖，后者即为荷兰议会。1588年，七个联合省在一些关键的政治概念上达成一致，其中包括自由、特权、议会和公众支持的主权等，由此缔造了世界上最早的共和国——荷兰共和国。但荷兰共和国好景不长，命途多舛。从18世纪90年代到1813年，法国对低地国家进行了强力干预。在法国的策划下，“巴达维亚共和国”于1798年成立，其政府形式仿照法国的督政府。1805年，拿破仑又将其更名为“巴达维亚共同体”。1806年5月，其又改为“荷兰王国”，由拿破仑之弟路易·波拿巴任国王。直到1815年拿破仑失败，奥兰治王室才在荷兰复辟，建立了第一个真正的荷兰君主政体。自由被看成“荷兰的女儿”，拥有至高无上的地位，被看成繁荣和正义的源泉；国家的自由和个人的自由之间有着紧密的内在关系，居民的福利应得到保障。

在荷兰人的生存斗争中，协商和妥协曾是一个苦涩的必需品，为的是共同抗洪救灾，而现在变得精细无比，以至于“可

① 杜威·佛克马、弗朗斯·格里曾豪特编著《欧洲视野中的荷兰文化：1650—2000年阐释历史》，第27页。

行性”这个概念决定着荷兰人的整个思维方式。今天，荷兰的政治文化带有强烈的论辩和协商色彩，政府官员、文人骚客和普通老百姓莫不好言善辩，而又相对通融，在不断的妥协和让步中达成共识。荷兰“协商文化”一方面有利于加强交流、合作、对话和磋商，但另一方面又导致拖沓低效的决策过程。荷兰民主听证会名目多、频率高，民众参与意识强，但又常常造成提案流产、计划反复或者无限期拖延的尴尬局面。

（二）宽容传统

据称，荷兰人长期与水患作战，逐渐培养了冷静持重的性格，他们注重实用和功效，为人处世谨小慎微，崇尚勤俭节约的生活方式。19世纪下半叶，意大利旅行家埃德蒙多·德·阿米西斯（Edmondo de Amicis）坚持认为，特殊的自然条件造就了荷兰特立独行的民族性。他在旅行札记中写道：“如果我们现在仍记得这个地区已成为世界上最肥沃、最富庶、治理得最好的国家之一，就应该能够理解荷兰是人类战利品这一说法的合理性……这是一个人造国，是荷兰人创造的，它的存在靠的是荷兰人的维护，一旦荷兰人放弃，它就要从地球上消失掉。”①德·阿米西斯把荷兰的民族性与荷兰人长期不懈的生存斗争联系起来，他的观点多少带有达尔文主义的烙印。诚然，地理环境和气候条件多少影响着某种文化态度和价值观的形成，但忽视意识形态、宗教信仰和经济活动等其他重要因素的“地理决定论”，不足以解释民族性的成因。

---

① Edmondo de Amicis, *Holland and Its People*, C. Tilton trans., G. P. Putname's Sons, 1889, p. 12.

荷兰的宽容传统由来已久，从 15 世纪的宗教信仰自由到 16 世纪乌特勒支七省联盟协约（1579）所宣扬的“良心自由”，从 18 世纪、19 世纪的言论和出版自由到当代多元文化社会里的性自由，宽容的程度不等，宽容的形式不一，宽容的内容芜杂。宽容问题与近现代欧洲思想史息息相关。在此，有必要简单地回顾伊拉斯谟、斯宾诺莎、洛克和伏尔泰等欧洲思想家对宽容问题做出的思考及其影响。荷兰鹿特丹人伊拉斯谟（Desiderius Erasmus，约 1466—1536）被称为人文主义之翘楚，是现代精神和思想的先驱和铺路人。[①] 他代表了一种无所不包的宗教“大同”理想，呼吁基督教大团结，致力于让全体基督徒在相互宽容的氛围中齐心协力地阐释和信仰上帝。在宗教立场上，他坚定地走中间路线，既批判传统教会的腐败，又反对新教的暴力和过火行为，主张节制、温和、宽容、和平，坚决反对暴力和战争，是彻底的和平主义者。[②] 根据著名荷兰裔美国历史学家和科普作家房龙（Hendrik van Loon）的描述，伊拉斯谟倡导“自己活，也应该让别人活”的生活方式，他不喜欢“制度”，坚信要拯救多灾多难的世界，在于个体的自由意志，改变了个体，就改变了整个世界。[③] 与无所不包的伊拉斯谟式和平主义主张不同，英国经验主义哲学家约翰·洛克（John Locke，1632—1704）主张个人自主性和自我决策权，张扬个体的良心自由，鼓励个体据此在自己的私有空间里发展自身并追求个体幸福。这种个体主义宽容观在举世闻名的《论宗教宽容》中得到充分体现，并对当代荷兰社会的价值观产生了深刻而久远的影响。在 1683 年至 1689 年，

① 约翰·赫伊津哈：《伊拉斯谟传：伊拉斯谟与宗教改革》，何道宽译，广西师范大学出版社，2008，第Ⅵ页。

② 约翰·赫伊津哈：《伊拉斯谟传：伊拉斯谟与宗教改革》，第Ⅶ页。

③ 房龙：《宽容》，纪飞等译，清华大学出版社，2007，第 169 页。

洛克流亡到阿姆斯特丹，与一些法国宗教避难者和鼓吹宽容的荷兰人来往频繁。1685 年，他把对宗教宽容的呼吁化为热情洋溢、内容确凿的文献，完成世界政治哲学史上的力作《论宗教宽容》。

像洛克一样，荷兰的犹太人后裔斯宾诺莎也为宽容实践进行理性主义辩护。斯宾诺莎认为，作为自然的一种属性，思想是无法被压制的。鉴于此，国家只有给予公民最大限度的思想自由，让他们根据自认为合理的方式去安排自己的私生活和社会生活，才能走向繁荣昌盛。18 世纪中叶，法国启蒙运动的巨匠伏尔泰（Voltaire，1694—1778）先后五次访问荷兰，在荷兰著书立传，传播启蒙思想的种子。其《论宽容》（1763）一书发出时代的强音，进一步普及了洛克的个体主义自由观和宽容观。

几个世纪以来，荷兰因其宽容传统而备受称道，其宽容性社会文化实践犹如灯塔照亮了欧洲各国的反宗教迫害斗争、政治革命以及思想启蒙和解放运动。今天的荷兰堪称“宽容乐园”。五花八门的宗教群体、少数族裔和“亚人群”共处于一个相对狭小的空间里，国家政策相对融通，政治文化氛围宽松，社会福利良好，荷兰民众对另类行为和生活方式的接受程度普遍高于世界其他地方。步入 21 世纪之后，荷兰加快了诸多宽容实践合法化的进程，2001 年荷兰议会立法为“安乐死”开绿灯，2002 年荷兰议会又通过法律允许同性结婚并领养孩子。足可见，宽容的各种世俗化表现，已经成为荷兰多元价值观的核心内容。

荷兰宽容的政体和执政理念，衍生于其悠久的宽容传统和协商体制。二战后，历届荷兰政府大多数由三个或三个以上的政党联合执政。这样的执政联盟必然要协调不同党派之间的利益之争，在法律领域推行宽大政策。根据荷兰政府的诠释，对“消极现象”做出过激的反应（即不宽容的反应），结果只能适得其反，情形正如任何封杀措施必然会导致“屡禁不止”、黑市泛滥和黑社会势力膨胀的恶果。然而，由于不同的政治文化对宽容的概念、自由的边界、多元价值观有着不同的理解和界定，荷兰敢于“冒天下之大不韪”的宽容实践，常常引发争议和非议。

当然，荷兰社会里也存在着大量的不宽容现象。2002 年 5 月 6 日，距荷兰大选不过九天时间，荷兰极右翼领袖、同性恋者富图恩（Pim Fortuyn）在光天化日之下被一个名叫赫拉夫（Ventilator de Graf）的荷兰男子枪杀。被捕七个月之后，赫拉夫终于不再沉默，在法庭上慷慨陈词，声言担心富图恩偏激的政治主张会将荷兰引向极端化的歧途，从而导致对某些社会弱势群体的不宽容甚至伤害。富图恩确实是个“剑走偏锋”的政治人物，他极力反对移民和犯罪，而对“同性恋”又表现出莫大的宽容。在宽容还是不宽容的问题上，富图恩遵循了荷兰式个人主义 + 实用主义的双重标准，他既是荷兰宽容传统的受益人又是一个可悲的牺牲品。赫拉夫以弱势群体代言人自居，但又以践踏他人的生命和自由为代价实践自身的行动自由和思想自由。在此，富图恩所代表的个体主义宽容观与以赫拉夫为代言人的社群主义宽容观发生激烈的冲突，因而引发了令世人震惊的浴血惨案。面对纷繁复杂的社会现实，如何调和个人主义宽容观和社群主义宽容观之间的矛盾，如何处理多元化的思想、观点、行为和生活方式，如何协调人权、道德和法律之间纠缠不清的关系，对荷兰宽容传统的可持续性发展构成了极大的挑战。

（三）后现代

关于后现代的确切含义众说纷纭。根据当代法国著名哲学家利奥塔（Jean-François Lyotard）的界定，后现代意味着否定使社会行为合理化的“宏大叙事”，对支撑教会、民族、国家和商业的整个西方形而上体系、意识形态和理性传统发出强烈的质疑。[①] 美国政治学家罗纳德·英格尔哈特（Ronald Inglehart）在广义上沿用了利奥塔的概念，继而指出“后现代主义是新的价值观和新的生活方式的兴起，同时对民族、文化、性关系的多样性以及个人对生活道路的选择予以更大的宽容”。[②] 根据英格尔哈特的研究，1970—1990 年高度工业化的富国普遍经历了一种后现代社会发展运动，这种社会更加“人性化”，更加能够包容个体自由（包括思想自由、行动自由和言论自由等）和多元价值观。荷兰人参与志愿者组织的程度在西欧和南欧国家中独占鳌头。在个人生活方面，荷兰人享有极大的自主权和发言权，荷兰人对堕胎、性关系、安乐死等的宽容程度最高。就面对变化的开放态度而言，荷兰与北欧各国高居欧洲前列。据此种种，英格尔哈特指出，荷兰已经步入后现代的国家之列。

显然，英格尔哈特对后现代价值观和后现代文化形态持积极和欢迎的态度，他的研究结论多少带有“文化进化论”的色彩。在他看来，从现代到后现代，标志着一次断裂、一次跃进或大发展。在这个意义上，被贴上“最后现代”的标签，是否意味着荷兰文化已经发展到最高阶段或者说到达了终点？这种最高形态的文化模式是否具有可持续性发展的可能性？如果给出否定的答案，是否就等于宣判荷兰文化的“死刑”？我反对进化论意义上的“文化定级法”，因为文化有时候无所谓先进与落后、高级与低级、进步与倒退。与其他文化一样，荷兰文化是

---

① Jean-François Lyotard, *The Postmodern Condition: A Report on Knowledge*, Manchester University Press, 1984, pp. 15-17.

② Ronald Ingelhart, *Modernization and Postmodernization: Cultural, Economic, and Political Change in 43 Societies*, Princeton University Press, 1997, p. 23.

一种处于动态变化之中的成规系统，其间各大主导成规既可能发生更替和转换，又具有某种历史的连续性。在荷兰，过去的宽容传统似乎有可能变成单纯的冷漠和未经深思熟虑的放纵，民主导致优柔寡断，协商助长拖沓的官僚作风，人人平等的思想造成过于庞大的社会安全网络，均贫富的社会理想导致国家财政的不堪重负，极端的个体自由主义引发无政府主义的狂潮，街头暴力和种族冲突的现实为自诩宽厚的荷兰人敲响了警钟。

模棱两可的文化立场、多样异质的价值观、“无可无不可”（nothing matters，everything goes）的后现代生活方式，在当代荷兰社会里表现得淋漓尽致。荷兰是法律上的急先锋，率先立法认可安乐死和同性婚姻等，但又在 2005 年 6 月的全民公投中反对欧盟宪法。在荷兰，违反交通规则可能受重罚，而杀人放火可能免于牢狱之灾；卖毒品是非法的，而吸毒是合法的。荷兰人拥戴王室而追求平民化生活，极度崇美而坚守欧盟阵线，擅长贸易而热爱艺术，鼓吹种族包容而缩紧移民政策，富有敬业精神而时刻盘算退休金的数额，热衷于旅行而富有乡土观念，勤俭节约而又贪恋豪宅和游艇，崇尚性自由而又固守家庭伦理，等等。至于荷兰的商业，它在一种“令人愉快的无政府主义、一种能屈能伸的秩序、一种清醒的混乱中运转着”。[①] 典型的荷兰价值观集协商原则、实用主义和个体幸福观为一体，在极大程度上表现出通融、模糊和“两可”的特性。在政治事务上，行政官员往往优先考虑避免潜在的不稳定因素，为原则而战的事情留给他人去做。现实和历史之间存在着惊人的相似之处，所谓的后现代价值取向在前现代和现代荷兰社会里已经显露无遗。

---

① 黑特·马柯：《阿姆斯特丹：一座城市的小传》，张晓红、陈小勇译，花城出版社，2007，第 10 页。

可疑的“文化进化论”根本无法帮助我们理解荷兰文化成规的动态变化及其相对凝固的一面。

荷兰流传着一个古老的笑话：上帝创造了地球，荷兰的疆土除外——荷兰人自创了家园。确实，数个世纪以来，荷兰人并肩抗击水患，在圩田上创建了风景如画的家园，创造了多姿多彩、独具一格的荷兰文化。在后现代语境中，荷兰文化被奉为多元价值观和宽容社会的典范，但从赞美声中传出弦外之音：千万不要误把荷兰当作尽善尽美、无忧无虑的后现代乐园。

二

中国文学在荷兰语境中的接受

中国文学在荷兰语境中的接受史基本上可以分为四个阶段：从 1767 年到 19 世纪末的转译阶段、19 世纪末出现的直译阶段、20 世纪初到 20 世纪 70 年代之间转译和直译共同发展的阶段、20 世纪最后二十年至今直译快速发展的阶段。[①] 其间，翻译内容相应地发生了巨变，初期阶段中国古典文学占据翻译主流，而如今已发展到现当代文学和古典文学译介并重的阶段。

（一）转译时期

初期，中国文学在荷兰语境中的接受发展缓慢，且基本上借助转译手段，出现这一现象主要存在以下两方面的原因。

其一，在荷兰，大部分读者使用双语甚至多种语言。虽然荷兰语一直是日常交流用语，但在 15 世纪的荷兰，由于标准荷兰语尚未形成，以及学术界和教会使用拉丁语的缘故，拉丁语在很长一段时间里充当着荷兰的官方和教学用语。时至 18 世纪末，欧洲低地国家实际上处于法国统治之下。荷兰的文化生活

---

① R. P. 迈耶：《低地国家文学史》，李路译，广西师范大学出版社，1995。

受到法国的严重压制，剧院不准上演荷兰语戏剧，荷兰语图书刊物被禁止出版，教育内容几乎全部与法国有关，法语逐渐成为荷兰另一官方和教学用语。因此，当时荷兰的外国作品大多译自拉丁语和法语。与此同时，荷兰开始出现译自英语和德语的外国作品，第一部中国文学的荷兰语译著也于18世纪末问世，即1767年匿名出版的中篇小说《好逑传》（转译自英语版 *The Pleasing History*）。此后，又过了半个多世纪，荷兰读者才接触到第二部中国作品——18世纪中国小说《玉娇梨》，它从法语转译过来，于1829年在荷兰出版。

其二，当时的荷兰人对汉语语言文化的了解相当肤浅，荷汉翻译的学者们很难胜任把中国文学作品直译成荷兰语的工作。尽管当时荷兰与包括中国在内的众多亚洲国家保持着频繁的贸易往来，但荷兰商人们大都只对与贸易相关的异国风土人情感兴趣，无意于了解他国的文学作品。其间，从事汉语文学翻译和研究的人多为欧洲传教士，意大利和法国传教士尤其活跃，中国古典文学作品经他们翻译成本国语后再被转译成其他欧洲语言。

（二）直译的出现

17世纪中后期，荷兰的东印度公司在中国从事商贸活动，而随着东印度公司的发展，清政府开始与荷属殖民地巴达维亚（即现在的印度尼西亚）有政治往来，并于1897年就在荷属东印度设置中国领事馆的问题与荷兰展开了交涉。外交政治局势的变化刺激了对荷汉翻译人员的需求。这些译员先在荷兰接受笔译和口译训练，之后去巴达维亚从事文职工作，而在前殖民时代，巴达维亚就有一大片中国人居住的社区。与此同时，荷兰也急需大批“中国通”。在这种形势下，荷兰最古老的莱顿大学（创办于1575年）自1876年创立汉学系，之后开始招收汉语研究方向的本科生，并设立了汉学教授席位。一个多世纪以来，莱顿大学汉学院已经成为欧洲首屈一指的汉学重镇，为欧洲乃至全世界培养了一批又一批杰出的汉学家，知名学者包括杜威·佛克马（Douwe Fokkema，1931—2011）、施舟人（Kristofer Schipper）、伊维德（W. L. Idema）、柯雷（Maghiel van Crevel，1963—）、贺麦晓（Michel Hockx，1964—）等。

1858年施古德以荷兰政府翻译的身份在厦门和广州任职，回国后担任了莱顿大学汉学教授，并发表了题为《汉语研究的重要意义》的教授就职演说。1890年，他与法国汉学家高第共同创办了西方第一份汉学学报《通报》。该学报不仅成为世界历史上最具权威性的汉语学术刊物之一，而且收集并直接发表了很多探讨中国文学和历史的论文。在较为浓厚的汉学氛围的影响下，1897年出版了第一部直接从汉语翻译过来的中国文学作品《老子》。译者汉学家波热尔（Henri Borel）师从莱顿大学汉学学会首位教授施古德。此外，波热尔还出版了儒家思想专集译著。至此，直译的中国文学作品终于开始进入荷兰翻译界的视野。

（三）转译和直译共同发展

19世纪末，荷兰的教育质量逐步提高，荷兰语也在发生着变化，例如拼写和语法规则的简化与标准化。显然，教育水平提高以及标准语言的普及提高了荷兰人的读写能力，无形之中扩大了读者群。由于荷兰学校课程大纲中包含了欧洲语言，且规定从中学直至毕业，学生要必修至少一门欧洲语言，因此大部分荷兰人都能使用多门语言。但即使阅读外国文学的需求迅速增长，并非所有荷兰读者都能完全适应阅读外语文本，至少他们中大部分人都偏爱荷兰语。因此，大受欢迎的英译、德译或法译汉语作品，很快都被转译为荷兰语。大部分的直译工作都是由汉语研究功底较深的学者们来承担，他们中有些先和出版商签约，再由出版商为之推荐某部作品，然后才开始翻译；有些则是被指定去翻译某部知名著作。

在20世纪头十年里，对中国文学的译介工作处于停顿状态，出现了中荷译介史上的空白和断裂。从20世纪20年代到50年代，翻译作品的数量才又开始逐渐增多。其间，不得不提的是荷兰著名汉学家高罗佩（Robert Hans van Gulik，1910—1967），从某种意义上说，他是现代西方对传播中国文化做出最大贡献的人之一。他直译的“狄公案”系列小说的影响，远超过很多其他西方学者研究中国的著作。在学术圈外，很多荷兰人乃至欧洲人对中国的印象和了解，往往与“狄公案”有着千丝万缕的联系。这套小说在西方雅俗共赏，其影响不限于只读通俗小说的普通大众。高罗佩“狄公案”发行量达到上百万册，并被译成多种外文出版。高罗佩翻译的系列小说不仅体现中国法律及社会等方面内容，而且涵盖了丰富的中国文化与艺术知识，《断指记》就是其中一例。在1964年荷兰的“书籍周”上，该书曾被赠送给购书者。他的另一本小说《黄金案》，被荷兰贝尔纳亲王翻译成西班牙语出版。他因成功地把唐朝官员狄仁杰塑造成了“中国的福尔摩斯”的形象而享誉西方国家，在中国与西方文化交流史上发挥了重要作用。

在这一时期，受到荷兰译者青睐的原著大都属于中国古代哲学和文学经典。哲学作品主要是公元前6世纪到前3世纪的典籍，如《道德经》、《易经》和“四书”。古典小说包括16世纪小说《水浒传》、《三国演义》和《金瓶梅》，以及18世纪长篇小说《红楼梦》和唐代（618—907）诗人李白的诗作。1939年，第一部荷兰语版现代中国小说问世，即从德语转译过来的茅盾的《子夜》。

从20世纪20年代到50年代，直接翻译的中国文学作品逐渐增多。但随着1949年印度尼西亚宣布独立，荷兰人对汉语研究的兴趣逐渐呈衰微之势。莱顿大学汉学教授许理和观察到，每年只有一两名新生选择汉语作为研究方向。这个数字直到20世纪70年代才又开始有所增加，到1986年达到顶峰，近90名学生选择了该研究方向。1970—2000年，汉学学生数量的变化可从表2-1中窥见一斑。

表2-1　1970—2000年莱顿大学汉学学生数量

单位：人

	1970年	1975年	1980年	1985年	1990年	1995年	2000年
新生数量	6	26	39	82	54	41	32
毕业生数量	2	1	3	?	25	34	10

资料来源：Audrey Heijns, *The Role of Henri Borel in Chinese Translation History*, Routledge, 2020.

（四）现代当代文学和古典文学并重

党的十一届三中全会以后在拨乱反正和改革开放的强大政策导向下，国门重新敞开，与西方世界的经济、贸易、文化交流日益加深。在新形势下，越来越多的荷兰青年对当代中国产生浓厚的兴趣，荷兰汉学学生数量逐年递增，他们来中国学习和生活的机会也大大增加。逐渐升温的“汉学热”波及荷兰普通民众，至1986年荷兰人已经可以通过相当普及的电视直播节目接触到中国文化。

20世纪70年代，大部分中国文学方面的译著仍属于古代经典范畴，但同时也出版了毛泽东的诗集、17世纪作家蒲松龄的志怪故事集以及老舍的小说《骆驼祥子》等。20世纪80年代，随着国际交流的日益频繁，全球化经济飞速发展，西方学者们觉得有必要通过考察现代中国文学来研究中国社会和政治现状，而当代文学更能直接反映中国改革开放以来的社会和文化变革全貌。[①] 这样一来，中国文学在荷兰语境中的接受发生实质性的变化：原来的译介工作以古典文学为主流，至21世纪初，出现了现当代中国文学和古典文学的译介并重的趋势。

因攻读汉学的新生数量快速增加，为了满足大学在校生的需求，荷兰莱顿大学开辟了一个新的研究方向。过去的汉学研究侧重于古汉语和古典文学，而现当代汉语语言文学成为新兴汉学研究的重中之重。在新的时代背景下，荷兰译者同时面临着挑战和机遇。旧的研究体制偏重古汉语，荷兰译者根据这一指导思想大量翻译古典文学作品；新的研究体制出台后，荷兰译者转向现当代中国文学作品的译介工作。越来越多的当代中国文学作品被直接翻译成荷兰语，例如当代作家张洁的《方舟》、《爱，是不能忘记的》和《沉重的翅膀》等，张贤亮的两部当代小说《男人的一半是女人》和《绿化树》，以及1990年推出的王安忆的《小鲍庄》等，其中比较有影响的作品应该是古华的《芙蓉镇》和谌容的《人到中年》。韩少功的《马桥词典》、莫言的《丰乳肥臀》和《檀香刑》、棉棉的《糖》在中国问世不久后便很快被翻译成荷兰语，在荷兰和比利时弗拉芒地区产生了很好的反响。而包括诗歌和散文在内的古典文学作品大都被收入断代文集以及单个作家的作品专集，如唐代诗人白

① 王宁：《中国现当代文学研究在西方》，《中国文化研究》2001年第1期。

居易和崔湜的诗歌集。荷兰莱顿大学汉学院前任院长、哈佛大学费正清研究中心主任伊维德是著名的汉学家和翻译家，他的翻译诗集《一面中国古诗的镜子》在荷兰轰动一时，荣获 1992 年度荷兰最佳文学翻译图书奖——“马提努斯·耐霍夫”奖。

（五）直译快速发展阶段

至 20 世纪 90 年代，可能是由于市场饱和以及其他领域良好的就业前景，研究汉学的学生数量呈减少之势，但新的译著数量一直呈增加趋势。图 2-1 是关于汉译荷兰语作品量的调查，从中可以看到 20 世纪 80 年代之前新的译作数量呈缓慢增加之势，进入 80 年代后增加速度加快，到了 90 年代增加速度则急剧加快。

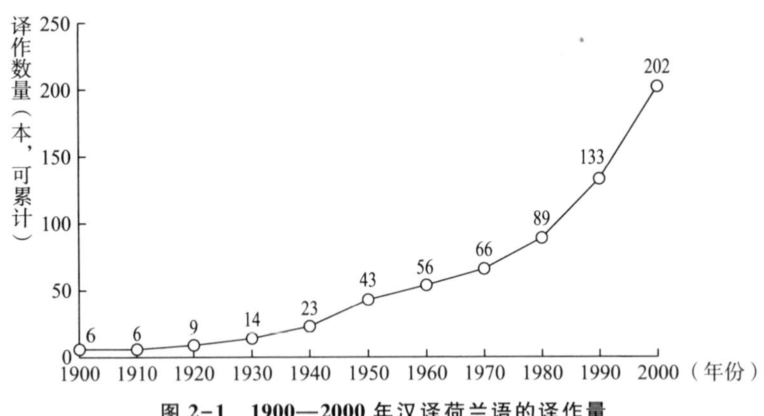

图 2-1　1900—2000 年汉译荷兰语的译作量

资料来源：Audrey Heijns，*The Role of Henri Borel in Chinese Translation History.*

在 20 世纪最后二十年里，翻译成荷兰语的中国作品数量成倍增加。其间，热衷于翻译工作的荷兰汉学家队伍开始壮大，荷兰出版界出版中国文学作品的热情空前高涨，众多荷兰文学杂志和期刊求稿若渴，纷纷刊登汉语诗歌和短篇小说的译作。例如

《荷兰月报》、《阿马达》、《指南》和《标准》等期刊。《创造》和《吠犬》这两家文学杂志分别于1993年和1994年推出被译介到荷兰的当代中国作家。1996年，荷兰莱顿大学和比利时鲁汶大学的几位青年汉学家联合创办了《文火》杂志，专门介绍中国文学在荷兰语境中的接受。尽管发表在文学期刊上的中国文学译作最初没有进入当代汉学家的研究视野，但文学期刊的存在给予普通荷兰读者更灵活、更自由和更多的选择机会。值得注意的是，综合类文学杂志为荷兰读者轻松接触中国文学创造了便利条件，对中国文学在荷兰的译介起到了举足轻重的作用。

从转译和直译作品数量之比较可以看出汉学家数量的增加。20世纪五六十年代，转译和直译作品数量的差距呈扩大趋势，从70年开始差距逐渐缩小，直到1988年直译作品数量最终超过转译作品数量。自此之后，直译作品数量呈快速增加趋势（见图2-2）。

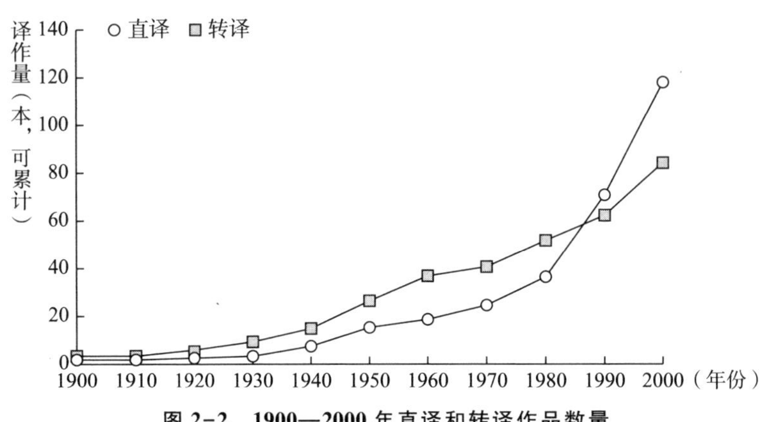

图2-2　1900—2000年直译和转译作品数量

资料来源：Audrey Heijns, *The Role of Henri Borel in Chinese Translation History.*

若干重要因素促使直译作品出版量快速增加。一是20世纪80年代研究汉学的学生数量比较多。二是汉语研究性质的变化造就了新一代的文学译者。虽说此后的学生数量有所减少，但大量中青年译者已经名声在外，直译量有望持续增加。三是转译的中国文学作品中存在大量的谬误和遗漏。很多转译的中国文学作品，在当时主要是为了快速传播外国的文学和文化的商业目的进行的翻译。1996 年创办的《文火》杂志，专门向读者介绍中荷译者认为值得翻译的、不带商业动机的中国文学。《文火》杂志主编、青年翻译家、韩少功研究专家林恪在多个公开场合表示，虽然中国古典名著《红楼梦》早已有了荷兰语缩写版，但翻译质量与完整性与其世界名著的地位不符，《文火》杂志麾下的翻译们决心要以集体的力量完整译出 120 回《红楼梦》。从 2008 年开始，林恪领衔的翻译团队历时整整 13 年，其间经受了多重考验和波折，终于在 2021 年完成这项宏伟的翻译工程。首个荷兰语全译本《红楼梦》的重磅问世，标志着荷兰汉学文学翻译达到世界一流水平。

毋庸赘言，随着中国经济和国际经济的接轨，全球化经济的大背景不仅有利于传统汉学自身的革新以及与中国国学的交融，而且也有利于中国现当代文学研究在西方的发展。中国文学在荷兰语境中的接受与荷兰汉语研究的态势如影随形，同时也受到荷兰语读者阅读习惯的影响。随着荷兰语中国文学读者群的扩大和人们对中国的兴趣的提高，中国文学的荷兰语翻译市场也会随之扩大发展。

名家：佛克马与柯雷

三

佛克马研究笔记

2011年8月25日，意外收到师母蚁布思（Elrud Ibsch）教授简短的电子邮件，得知佛克马教授于8月23日因病在荷兰阿姆斯托芬家中溘然长逝，享年八十岁整。1998年，由于机缘巧合，我在王宁教授主办的全球化国际会议上结识了佛克马，十余载的忘年交由此发端。2000年，我从丹麦哥本哈根大学国际交流学院（DIS）转至荷兰莱顿大学非西方研究院（CNWS），先进行为期一年的高级硕士学习，后又在柯雷、佛克马和斯希珀三位教授的联合指导下写有关中国当代女性诗歌方面的博士论文。佛老大半生活跃于国际比较文学界，广交天下学人，但正式拜入其门的弟子不过八九人，能成为佛老的关门弟子于我何其荣幸。佛老博学多才，敏锐机智，风趣幽默，善良宽厚，生性淡定。虽身患绝症，对真知的追求不改，对文学的热爱不变，从未在病魔的威慑下放弃思考和写作。临终前两三个月，他逐字逐句地完成了《完美的世界：中西乌托邦小说》（*Perfect Worlds: Utopian Fiction in China and the West*，2011）清样的校对工作。端详恩师的遗照，禁不住潸然泪下，心痛如绞。佛克马的一生平凡不平淡，中庸不平庸。他经历过两次重大的人生转折：一是放弃外交官的丰厚待遇而步入“安贫乐道”的学术生涯；二是经历一场长达八年的婚姻危机后，与德裔荷兰人蚁布思教授再婚，志同道合、琴瑟和鸣，他们是国际比较文学界著名的伉俪。虽然无法还原佛老丰富立体的学术谱系，更无力通达佛老博大精深的学术思想，只能诉诸碎片化记忆，试着勾勒交叉重叠、模模糊糊的剪影和画面，以慰逝者之灵、生者之痛。

（一）机缘巧合

1952 年，在阿姆斯特丹大学就读本科期间，佛克马专修荷兰语言文学，导师建议他选修巴斯克语作为辅修，而他决定学习汉语，从此与中国结下了不解的情缘。他学了一辈子汉语，古文和白话文阅读水平不俗，但听力和口语很一般，所以在与中国人交流时信心不足，偶尔调皮地蹦出几个单词，然后像孩子一样腼腆地笑笑。他艳羡荷兰汉学后起之秀柯雷的“京片子”，每每提起都是“哈喇子流一地”的表情。有几次，我乘坐佛老的私家车去阿姆斯特丹、乌特勒支、海牙等地参加学术活动，见他兴致勃勃地收听《为人民服务》等广播节目录音，有时还风趣地模仿道：“这次节目播送完了。”那时，我的心中充满了真实的感动。

佛克马像大多数荷兰人一样极有语言天赋，精通英、法、德、西等欧洲语言，甚至专门学习过拉丁语和希腊语，俄语和汉语阅读水平不俗。他更是特立独行的思想者和行动者。当荷兰汉学界集体沉迷于古典文学、高罗佩式狄公案侦探、明朝春宫图时，他却敏锐地发现了中国现当代文学的价值和意义。他对鲁迅、丁玲、沈从文、王安忆、韩少功、莫言等作家的熟悉程度，时常让我这个母语读者羞愧。20 世纪七八十年代，荷兰的中国文学翻译呈现出空前繁荣的局面，佛克马的贡献不可小觑。1973年，由佛克马和许理和合编的“中国文库”在阿姆斯特丹问世，这套丛书不仅包括翻译作品，同时也包括研究著作，一直出版至1984年，他们的译介推动了荷兰汉学的大发展。

佛克马是享誉国际比较文学界的荷兰比较文学学者，但他的名字在汉学界却鲜为人知。1952年，佛克马走上漫长的汉语学习之旅。他中学阶段就自学了俄语，对苏联当时最大的社会主义盟友——中国充满想象，又加上荷兰外交官高罗佩日记和“狄公案”里关于中国风土人情妙笔生花的描写，所以对世界上使用人数最多的语言充满好奇。这次“偶然”的选择，为他后来撰写题为《中国文学与苏联影响（1956—1960）》的博士论文埋下了伏笔。为了学习汉语，他三年如一日每周往返于阿姆斯特丹和莱顿之间，投奔莱顿大学汉朝历史研究专家胡瑟威教授。由于大多数莱顿大学汉学系学生主攻古代汉语，佛克马成了老舍、胡适和赵树理少有的荷兰读者。1956年，莱顿大学硕士学位考试试卷有一道翻译题，要求他把《李家庄的变迁》（1946）的节选片段翻译成荷兰语。

汉字是佛克马的终极“Boss”。对于欧洲人来说，一笔一画的方块字不是天书胜似天书，每每学了新词，又忘了旧字，进度像“蜗牛爬”，效果如“昙花现”。由于汉语不是佛克马的主修专业，他在时间上的投入也远远不够。1959年，佛克马在海牙外交部东亚处就职，工作中很少接触中文材料，只能利用碎片化的业余时间继续一个人的汉字学习。所幸1963—1964年，佛克马获得哈克尼斯奖学金（Harkness Fellowship），离岗一年赴加利福尼亚大学伯克利分校完成博士论文。访美期间，他大量阅读《人民日报》《光明日报》《文艺报》等官媒资料，汉语阅读水平突飞猛进。同时，也收获了与美国著名汉学家夏志清、陈尚惠、许芥昱等人的深厚友谊。

20 世纪 70 年代后期以降，佛克马的研究兴趣发生转移，由汉学转向西方文学理论和后现代主义文学研究，并进入其学术生涯的“黄金时代”。一系列独撰、合写或合编的理论力作相继问世，在国际学界的理论争鸣中发出强大的声音：《二十世纪文学理论》（*Theories of Literature in the Twentieth Century: Structuralism, Marxism, Aesthetics of Reception, Semiotics*, 1977）、《文学史、现代主义和后现代主义》（*Literary History, Modernism, and Postmodernism*, 1984）、《走向后现代主义》（*Approaching Postmodernism*, 1986）、《现代主义推测》（*Modernist Conjectures*, 1987）、《后现代主义探究》（*Exploring Postmodernism*, 1987）、《总体文学和比较文学论题》（*Issues in General and Comparative Literature*, 1987）、《国际后现代主义：理论与文学实践》（*International Postmodernism: Theory and Literary Practice*, 1997）、《知识和专注：文学研究的问题探讨》（*Knowledge and Commitment: A Problem-Oriented Approach to Literary Studies*, 2000）等。其中，《二十世纪文学理论》被翻译成意大利语、西班牙语、汉语、韩语、印度尼西亚语等多种语言，成为多个欧亚国家的文学理论教材。《文学史、现代主义和后现代主义》被译介到波兰和葡萄牙等国。1996 年，《文学研究与文化参与》中译本面世后，在中国学界掀起了“经典构成”和“重写文学史”的研究热潮。在该书中，除了关于经典构成和重构、文学史编撰的理论探讨，佛克马还透析了现代主义和后现代主义、文化交往、经验主义研究和文化传播等重要理论问题，提出用科学的方法研究文学现象和文化问题，用动态的眼光审视作为一种文化参与形式的文学生产和接受。王宁在《佛克马的比较文学和文化理论思想》一文中，全面梳理了佛克马学术思想的形成和发展脉络，在深入分析其学术成果的基础上构筑其学术体系，准确公正地评价了其独特而重要的学术贡献。[1]

（二）中国日记

从1959年到1968年，佛克马是荷兰外交部的工作人员，曾任东亚处处长一职，1966年4月以使馆秘书身份被派驻北京代办处，后因机缘巧合接任临时代办，行使首席外交官的行政职责。在北京工作期间，佛克马聘请了一位名叫武汉章的中文家教。武先生是一位神秘的老年绅士，出生于满族世家，据说其父曾在清廷做官。在武先生的帮助下，佛克马完成了邹荻帆的《大风歌》、周立波的《暴风骤雨》、丁玲的《太阳照在桑干河上》等红色经典的学习。1968年，佛克马辞去荷兰外交部的工作，接受了荷兰乌特勒支大学比较文学副教授一职，全身心地投入学术研究当中。佛克马回到荷兰，手提箱里装满毛主席像、仿宋山水画、红卫兵报纸、蒙古炭火锅。他的前妻到机场迎接，礼节性地拥抱后，调侃道："怎么没带个中国美人回来？"

1980年，时过境迁，中国国门已再度敞开，佛克马以学者身份重访中国，陆续到北京大学、复旦大学、南京大学、中山大学、香港中文大学等知名学府进行学术访问，回国后整理出版了荷语版《中国日记》（*Chinees Dagboek*，1981）。[2] 在立场、主题、材料、方法和体例上，《中国日记》和《来自北京的报道》虽然体现了一种承前启后的历史连续性，但由于作者的身份和兴趣发生了变化，后者更多地聚焦于当代中国文化生活和学界动态，政治事件和政治人物从作者的视野中淡去，充其量

---

① 王宁：《佛克马的比较文学和文化理论思想》，《中国比较文学》2007年第1期。

② Douwe Fokkema，*Chinees Dagboek*，Uigeverij De Arbeiderspers，1981.

起到陪衬和烘托作用。同年6月，佛克马与北京大学和中国社会科学院的学者们座谈，当时在北京大学攻读硕士学位的张隆溪担任翻译。佛老对年轻的张隆溪颇有好感，邀请他同往三里河南沙沟拜会钱锺书先生。钱先生和佛克马对谈，讲一口流利的牛津英语，滔滔不绝，两人相谈甚欢。言谈间，钱先生大为赞赏佛克马与夫人蚁布思合著的《二十世纪文学理论》。[①] 此书被翻译成意大利语、西班牙语、汉语、韩语、印度尼西亚语等多国语言，成为多个欧亚国家的文学理论教材。钱先生问佛克马，为何未涉及加拿大著名批评家弗莱（Northrop Frye）的理论。佛克马解释道，弗莱理论带有弗洛伊德式的精神分析玄想色彩，忽略了文学文本自足的文学性。2011年，佛克马给已在香港城市大学任讲座教授的张隆溪先生发送一封电子邮件，请他为即将问世的英文著作《完美的世界：中西乌托邦小说》撰写封底广告和书评。于是，三十年前的相遇竟然成了国际比较文学界一次动人的绝唱。[②]

佛克马生前频频到访中国，与众多中国学者结下了深厚的友谊。尤其在比较文学界，他的学说和思想成为中国比较文学研究的风向标。杨周翰、乐黛云以及曹顺庆等中国比较文学界的领军人物与佛克马私交颇深，频频与其进行互动与对话。在佛克马的鼓励和指引下，王宁走上了比较文学道路。三十年间，王宁翻译了佛克马的多部论著。在他本人的著作与文论中，也时常援引佛克马的观点与见解作为理论支撑，字里行间无不透露出对佛克马学术思想的赞赏和敬意。王宁多次邀请佛克马到

① Douwe Fokkema & Elrud Ibsch, *Theories of Literature in the Twentieth Century: Structuralism*, *Marxism*, *Aesthetics of Reception*, *Semiotics*, C. Hurst & Company, 1995.

② Douwe Fokkema, *Perfect Worlds: Utopian Fiction in China and the West*, University of Amsterdam Press, 2011.

中国参加国际会议并做主题发言，两人亦师亦友的学术关系持续了一生。杨周翰、乐黛云、谢天振等中国比较文学界的老前辈，也都十分认可和赞赏佛克马所提出的一系列理论思想，并在他们的学术著作中与佛克马进行频繁的互动与对话。2007 年，四川大学曹顺庆教授邀请佛克马和蚁布思夫妇到四川大学讲学，这次为期两个月的学术活动成了佛克马中国情缘的终曲。

1985 年金秋十月，深圳大学举办中国比较文学学会成立大会。刚刚就任第十一届国际比较文学学会主席的佛克马先生应邀前来见证这一重要的历史时刻。当时的深圳还完全没有国际大都市范儿，道路狭窄，街道两旁建筑稀稀落落，深圳大学校园里只有孤零零的一栋行政楼。由于校园里没有合适的会址，中国比较文学学会成立仪式在蛇口太子码头明华船上举行。佛老在北京任荷兰临时代办期间养成了闲逛的习惯。他独自来到深圳当时唯一的四星级上海宾馆，向服务生点了一碟花生米和一瓶青岛啤酒，被告知没有花生米，颇觉诧异。

佛克马的中国情结从其唯一的一部中篇小说可见一斑。他结合自身的从政经验和学术背景，夹杂对中国的文化想象，用荷兰语创作了中篇小说《马尔科的使命》，由我译出，作为要目文章发表在《当代外国文学》2001 年第 1 期上。[①] 小说主人公马尔科是荷兰植物学家，受一神秘的国际组织委派携带一只装满图书的箱子（其中包括奥地利作家穆齐尔的《没有个性的人》）来到湘西武陵源地区，在山涧旁邂逅“洁白如钟冠花”的中国姑娘美丽，流连于花花草草之间，忘情于纯洁的爱情中。马尔科忘记了自己的使命，最后美丽死在瑞典女间谍的枪下，马尔科经受数月审讯之后被驱逐出境。佛克马用抒情的笔触勾画了中国式乌托

① 杜威·佛克马：《马尔科的使命》，张晓红译，《当代外国文学》2001 年第 1 期。

邦“天下平”客栈，字里行间流露出对那美丽世界的深深眷念，其间寄予自己的文化理想：“文化从来不是同质的，不同文化绝非处于彼此的对立面。”[①] 异质文化之间平等自由的对话不仅有可能发生，而且十分有益、值得尝试。异质文化发生交流、碰撞和冲突，赋予我们一种相对的文化视野，促使我们做出文化比较和文化选择，并对自身所属的文化系统进行必要的更新。

（三）汉学拾遗

早在在荷兰莱顿大学写作博士论文期间，佛克马便将其思考的棱镜照向中西方的文学史研究领域。在他看来，历史的编撰工作是一种规范化活动，一种从当代角度阐释和评价过去世间的活动。[②] 历史研究就是在诸多历史事件之间确立异质性和同质性的方法。对他而言，文学史的研究对象不是单个文本而是一系列文学事件，包括文学系统中的文本生成和接受、流通和批评以及经典的构成。佛克马在汉学方面的代表性成果 *Literary Doctrine and Soviet Influences 1956—1960*（1965）蛰伏四十多年，2011 年才重新浮出历史地表。在苏州大学季进教授的推动下，翻译和出版工作于 2005 年启动，中译本完稿后，颇费周折，辗转几家出版社，最终以《中国文学与苏联影响（1956—1960）》为书名，被收入程光炜教授主编的“当代文学史研究丛书”，由北京大学出版社付梓。[③] 与佛克马其他更为中国学者熟知的著

---

① 杜威・佛克马：《马尔科的使命》，张晓红译，《当代外国文学》2001 年第 1 期。

② 佛克马、蚁布思：《文学研究与文化参与》，俞国强译，北京大学出版社，1996，第 66—67 页。

③ D. W. 佛克马：《中国文学与苏联影响（1956—1960）》，季进、聂友军译，北京大学出版社，2011。Douwe Fokkema, *Literary Doctrine and Soviet Influences 1956—1960*, Mouton & Co. , 1965.

述，如《二十世纪文学理论》、《文学研究与文化参与》和《走向后现代主义》相比，《中国文学与苏联影响（1956—1960）》是理论性最隐秘的一本书。它没有气势如虹的理论构架，没有时髦流行的批评术语，没有掷地有声的学术见解，没有自我标榜的“填补空白”，由此显得“不入流”“不厚重”“不好看”“不震撼”。这“四不”，其实是一种非历史的浅见。回到历史语境中，英文版成书之际，冷战风云席卷全球，国内正处于“山雨欲来风满楼”的态势下，对外文化交流和学术交往门扉紧闭。1963—1964 年，担任荷兰外交部东亚处处长一职的佛克马获得了哈尼克斯奖学金，赴美国加利福尼亚大学伯克利分校研修，在陈世骧、白之、夏济安和夏志清等著名汉学家的帮助下完成了自己的博士论文，1965 年在荷兰莱顿大学答辩成功。他是荷兰学界研究中国现当代文学的第一人，也是国际汉学界最早关注中国当代文学场域的学者之一。该书为当时的欧美学者透过“铁幕”，隔空眺望中国的文学生产和接受打开了一扇小窗。即便在今天看来，作者的学术精神和行为魄力仍然堪称楷模，其严谨缜密的逻辑思维、辨真去伪的文献学功力仍然启迪心智。

佛克马把研究对象锁定为 1956—1960 年的中国文艺政策、文学理论和文学创作，从局外人的角度，把曾经被国内外学者有意无意回避或忽略的中国当代文学史上的片段、场景和花絮呈现出来。其实，作者的视域不止于“百花齐放”文艺政策推行之前、之时和之后的短短几年，至少向前追溯至 1942 年延安文艺整风运动，用历史的眼光审视了从“无产阶级现实主义”（1943）到“社会主义现实主义”（1953）再到“革命的浪漫主义+革命的现实主义”（1957）这一官方文学话语的形成过程。佛克马认为，中国官方文学话语是苏联文学和理论与本土内在需求共同作用的结果，它一方面反映着中国文学生产和接受的动态变化，另一方面折射着个体对文学活动的介入和干预。[①]

佛克马从理论和实践两个层面展开中国当代文学断代史的卷轴。其认为，在理论层面上，中国官方文学话语由马克思主义、列宁主义和毛泽东思想杂糅而成，是马克思主义与人道主义、集体主义与个体主义、舶来文化与中国传统文化、苏联影响与中国政治现实“博弈”的产物。佛克马概述道，中国官方文学话语“既不是独立于外国影响的产物，也不是本国传统自然发展的结果。它迥异于苏联的、西方的以及中国传统的文学理论规范，它是一种全新的、前所未有的产物”。[②] 在实践层面上，话语权掌握在佛克马所谓的“文化设计者”手里。如果说毛泽东是“总设计师”和“精神导师”，那么中宣部部长陆定一、副部长周扬，中国作家协会副主席兼中共党组书记邵荃麟就是“执行设计师”。毛泽东在 1942 年《在延安文艺座谈会上的讲话》中提出的论断——“任何阶级社会中的任何阶级，总是以政治标准放在第一位，以艺术标准放在第二位”，成为新中国成立后文艺政策的指导性思想。[③] 根据佛克马的看法，毛泽东的文艺观本质上是实用主义美学+现实主义哲学的混合体，以“社会效果”区分艺术好坏，且必须避免不好的艺术，因为它“不适合广大群众斗争要求”。[④] 20 世纪 50 年代，周扬充当着毛泽东文艺观最重要、最彻底的推手之一，而郭沫若、茅盾等人则发挥了敲边鼓的作用。周扬强调文艺的重要性在于其教育功能，但他又一再把教育狭隘化，使之成为政治形塑的代名词。

如果把历史喻为一面镜子，那么历史叙事就是蒙上尘埃的有

① D. W. 佛克马：《中国文学与苏联影响（1956—1960）》，第 256—257 页。
② D. W. 佛克马：《中国文学与苏联影响（1956—1960）》，第 257 页。
③ D. W. 佛克马：《中国文学与苏联影响（1956—1960）》，第 4 页。
④ D. W. 佛克马：《中国文学与苏联影响（1956—1960）》，第 6 页。

色玻璃或者凹凸镜。在《中国文学与苏联影响（1956—1960）》中，佛克马像玻璃工一样擦拭历史之镜，又像福尔摩斯一样还原被歪曲的历史现场。季进在译后记中写道："作者以大量的史料和实证的立场梳理历史线索，还原历史现场的做法，为我们重返生动感性的历史现场、重审那段错综复杂的文学史，提供了很大的便利和有益的导向。"[①] 季进固然言之有理，但他的评述留有空白。细心的读者不难看出，年轻的佛克马志存高远，不满足于一部中国当代文学断代史的编织。从那里出发，佛克马走上了突破文化藩篱的学术旅途，开始对文学性、文学成规、经典构成、文学功能、文学交往等重要理论问题历久弥新的严肃思考。

在《中国文学与苏联影响（1956—1960）》一书中，佛克马先行试用连贯性解释、经验材料、共识三种学术导航信标，借以审视文化官员、批评家、写作者如何共同建构一个能够介入现实和解释历史的概念框架。由于历史条件的限制，佛克马的经验材料局限于《人民日报》《文艺报》《光明日报》，以及少量文学批评文献和相关文学作品，他所关注的共识仅限于自上而下的政策性共识。例如，佛克马精辟地解读了陆定一在 1956 年 5 月 26 日科学家、文学家和艺术家会议上的讲话：百花齐放、百家争鸣是"人民内部"的自由，且"随着人民政权的巩固"而扩大。[②] 佛克马根据有限的经验材料和政策性共识做出了合情合理的连贯性解释：1956—1960 年中国官方文学话语具有历史的特殊性和偶然性，是特定历史时期、特定历史场合下的意识

① D. W. 佛克马：《中国文学与苏联影响（1956—1960）》，第 258 页。

② D. W. 佛克马：《中国文学与苏联影响（1956—1960）》，第 85 页。

形态构造物，本质上属于一种“文学教义”。[①] 由于特定群体借助语言的整平效用来简化复杂深奥的客观和主观现实，对文学生产和接受进行强制性规范，所以“中国文学理论是规定性的，而不是描述性的”。[②]“文化设计者”据此创建了审查制度，一面磨砺和锻造正面经典，一面斩断和根除反面材料。无论置身于文学体制内外，写作者们都要随时准备接受审查，并不断进行自我审查。

在观照个体生命的同时，他不露声色地批评了阶级斗争为纲的极左思想——“只有阶级的人，阶级的人性，没有抽象的、超阶级的人或人性”，字里行间流露出对个体生命的尊重，对个体价值的认可，对普遍人性的渴望。[③] 关于对人性问题的探究，《中国文学与苏联影响（1956—1960）》同样意味着一次出发，这在佛克马的遗作《完美的世界：中西乌托邦小说》中到达高峰。

佛克马最早在汉学领域开始了文学史方面的探索和实践。《中国文学与苏联影响（1956—1960）》是佛克马全部学术工作的出发点。顾名思义，《中国文学与苏联影响（1956—1960）》属于比较文学之影响研究范畴。从那里出发，佛克马逐渐转向比较文学领域，开始对文学研究的基本问题（如文学性、语言功能、文学史、文学研究方法论）进行严肃的思考；从那里开始，他渐渐摆脱了实证主义影响研究的束缚，把理论触角伸向更为广阔深远的学术领域。汉学功底造就了作为比较文学大师的佛克马，比较视角和方法成全了佛克马早年的汉学梦。从 1965 年到 2011 年，该书完成了一次跨文化旅行。于佛克马本人而言，此

① D. W. 佛克马：《中国文学与苏联影响（1956—1960）》，第 247 页。
② D. W. 佛克马：《中国文学与苏联影响（1956—1960）》，第 246 页。
③ D. W. 佛克马：《中国文学与苏联影响（1956—1960）》，第 220 页。

书既是出发，又是到达，是其学术理想的宣言书和学术追求的试金石。于中国学界而言，此书为中国学者重新审视“十七年文学”提供了富有深意的独特视角和史论材料。

（四）“世说新语”

无论是从文学理论到文学批评，还是从文学阐释到文学史编撰，抑或从东西方文学比较到新世界主义，视野开阔、博学多闻的佛克马留下了一笔丰厚的学术遗产。他始终强调从多元的角度整体地把握生产与接受、文本与语境、文学传统与个人才华、东方与西方的互动关系。由于青睐科学哲学家卡尔·波普尔（Sir Karl Raimurd Popper，1902—1994）的批判性理性主义和希拉里·普特南（Hilary Whitehall Putnam，1926—2016）的实用主义，加之深受俄国形式主义、结构主义批评理论、接受美学、符号学等庞杂理论的影响，佛克马终身崇尚科学的思想立场和研究方法。为了使科学的文学研究具有适用性，他明确区分基于经验的文学研究和基于阐释的文学批评，从而划清了研究者、批评家和文学史学家的任务界限。

在比较文学研究领域，佛克马坚守人类学意义上的文化相对主义立场，倡导不同文化间的交流和理解，以突破文化的藩篱，克服狭隘的民族或区域“中心主义”，时刻警惕极端的文化相对主义，避免陷入各种原教旨主义、文化分离主义和怀疑主义的话语圈套。对佛克马而言，文学是具体的文化表征，是通往所有文化的一种渠道和一扇门。因此，在维护文化多样性的前提下，佛克马致力于发现各国文学和文化差异性表现中的共同性，并努力建构具有乌托邦理想的文学新世界主义，致力于人文学科在谋求个体幸福和全人类福祉方面的终极目标。由于佛克马在中国文学理论和比较文学界的重大影响和独特地位，故而对其思想脉络的梳理具有十分重要的价值和意义。

文学史是文学研究的中心议题之一。佛克马曾说，了解文学学科史具有重大的意义。佛克马意在强调，文学研究者应具有历史观念，不能无视纵向的国别文学史和横向的比较文学关系史。在西方，文学史的研究经历了从实证主义阶段到俄国形式主义，再到以汉斯·罗伯特·姚斯（Hans Robert Jauss，1921—1977）接受美学为理论基点的研究范式的嬗变。传统的文学史研究方法以实证主义为理论指导，强调影响文学发展的外在客观事实，例如作家心理、社会发展史等，因此早期的文学史编撰常被视为编年史式的作家与作品相关事实材料的堆砌，囿于对作家和作品的事实性记载，忽视了文学作品本身内在的审美性。相反，形式主义的文学史研究强调的是文学内部自身规律的演变，重视文学形式和方法上的变化。对于形式主义文学史研究者而言，文学史就是文学自身的历史，应悬置诸如社会历史、政治、经济等影响文学发展的外在因素。从某种程度上说，形式主义文学史观是在与依附于社会史、作家传记材料史的传统史学研究的斗争中形成和发展而来的。姚斯从文学的接受与影响之维，建立了一种以期待视野为中心概念的新的文学史研究方法。在姚斯看来，文学史就是读者期待视野不断变迁、对象化的文学接受史。佛克马深刻地认同姚斯的接受美学文学史观，认为它突破了作家中心的实证主义文学史观，又从接受角度对文本中心的形式主义文学史观进行了有益的补充和必要的修正。

在佛克马看来，历史的编撰工作是一种从当代角度阐释和评价过去事件的规范化活动。而作为这一规范化活动的主体的历史学家既是历史事实的收集者，又是进行阐释和阅读的读者与评判历史价值的批评者。[1] 历史研究就是一种在诸多历史事件之间确立异质性和同质性的方法，这无疑需要研究者从自身审美观念出发对历史事实进行甄别与判断。对于同一文学现象，从不同的时代、不同的视野、不同的理论框架来看就具有不同的意义和价值，因此不偏不倚的历史叙述并不存在，对历史的书写必然涉及价值判断。佛克马推崇以科学方法研究文学史，提倡利用经验材料和理论框架进行文学史的书写，同时又充分关注变化中的接受语境所导致的读者期待的变化。

20 世纪以降，随着各种思潮和理论的不断涌现、繁衍与裂变，一时间文学理论与批评界呈现出众声喧哗、百家争鸣的盛况。面对如此纷繁庞杂的“理论批评遗产”，佛克马甄别和体察各类理论批评流派的观点和方法，在系统梳理和比较研究的基础上阐发出自己独特的见解，形成了一套整合形式主义、批判理性主义、实用主义的文学和文化思想理论，并于 20 世纪 70 年代开始陆续出版一系列相关著作，在国际理论争鸣中发出自己强大的声音。《文学研究与文化参与》根据佛克马和蚁布思 1993 年 9—10 月在北京大学的系列讲座稿汇总而成，由俞国强译出，1996 年由北京大学出版社出版。[2] 书中，除了关于经典构成与重构、文学史编撰等问题的探讨之外，佛克马还重点解析了作为一种审美成规和阐释模式的现代主义与后现代主义及其在中国的接受。他坚持以科学的方法研究文学现象和文化问题，用动态的眼光审视作为一种文化参与形式的文学生产和接受。他深入探讨了文学研究的边界、特性、方法等理论问

① 佛克马、蚁布思：《文学研究与文化参与》，第 66—67 页。

② 佛克马、蚁布思：《文学研究与文化参与》。Douwe Fokkema & Elrud Ibsch, *Knowledge and Commitment: A Problem-Oriented Approach to Literary Studies*, John Benjamins Publishing Company, 2000.

题，重申总体上的文学研究囊括经验研究、文学批评和文学史的编撰。[1]

所谓“经验式研究”（empirical study）是基于经验材料的理性分析，关乎的是文学事实，强调文学研究的科学性和客观性以及方法的可重复性、结果的可检验性。佛克马对“经验式研究”的界定，因袭了波普尔批判理性主义的证伪原则（falsification）一说。根据波普尔的观点，客观的科学知识总体的性质是一种具有经验性的猜测和假说，是由我们在解决科学问题时所提出的理论猜想、推测和假设所构成的，而不是由被证实为真的信念构成的。任何真理都是暂时的，需要通过逻辑的论证来检验，并且有可能被修正。[2] 相反，文学批评却总是包含着某种价值判断，强调主观的参与和阐释，关乎文学的价值问题。此外，佛克马通过厘清解释（explanation）与阐释（interpretation）这两个概念，对“研究”与“批评”进行区分，也使得他对自然科学与人文科学的关系和分野进行反思。他援引伏尔泰对两者进行区分的观点，指出自然科学和人文科学之间在认识论上不存在根本的分歧，自然科学工作者所使用的科学研究方法同样适用于文学研究；文学研究者也需要遵循一套科学的原则和方法审视，包括批评家价值判断在内的文学系统，其研究结果要能够经得起检验和修正。在他看来，分析作为一种解释活动，受到某些严格规则和标准的指导，这些规则和标准可被重复使用，并得到验证，分析最终导向的是具有科学有效性的结果。

---

① 刘若愚在《中国文学理论》（*Chinese Theories of Literature*）中借鉴艾布拉姆斯在《镜与灯——浪漫主义理论批评传统》（*The Mirror and the Lamp*）中提出的理论构架，区分了文学史、文学批评、文学理论这三种文学研究范式。参见 J. Y. Liu, *Chinese Theories of Literature*, The University of Chicago Press, 1975。

② Karl Popper, *Conjectures and Refutations—The Growth of Scientific Knowledge*, Routledge Classics, 2002, pp. 30-37.

阐释则是具有主观性的赋意行为（attribution），这使得阐释必然与阐释者所处的社会与文化语境发生关联。这就是说，文学研究者采用科学的方法分析研究文本的生产、接受与流通，而个体读者或批评家则根据个人的价值体系以及社会文化现实阐释文学作品及其价值。[①] 从上述观点出发，佛克马明确主张以“研究”与“批评”的二分法代替人文学科、社会学科和自然学科的三分法。佛克马的观点道出了一个值得我们重视的基本差异，即纯粹的自然科学研究与具有批评性质的文学研究的不同：前者以标准化实证分析为准则，得出的结果具有真值，是具有相对广泛适用性的（暂时）真理；后者则以建构不同理论观点为己任，得出的结果无所谓对错，其有效性程度不一、高低不同。但无论是科学还是文学最终都为人类提供了知识，只不过作为艺术的文学所传递的知识更具个人性，是个体认知与想象的产物，所追求的是普遍意义而非普遍的有效性。

鉴于文学史以及关于某个特定时代的描述，或是某种文学概观的写作都是一种构建经典的尝试或反映，故文学史研究还关涉到另一个重要议题即经典的建构与重构。经典是如何构成和重构的？这个问题在文学理论、文学批评和文学史三个研究领域都具有重要的相关性。20 世纪 70 年代以来，西方学界掀起了一场关于经典的形成、内容及意义的论争。许多理论批评家和文学研究者开始对传统学界将文学作品划入经典的过程产生怀疑和发起挑战。在这样的背景下，佛克马重新审视了经典的构成与重构。对“何为经典”即该如何定义经典这一问题，佛克马曾试图在《文学研究与文化参与》中归纳西方学界对“经典”的定义：经典一是指“精选出来的一些著名作品，很有价

---

① 杜威·佛克马等：《苍山夜话》，学林出版社，2006，第 54—62 页。

值，用于教育，而且起到了为文学批评提供参照系的作用”；二是指“那些在讨论其他作家作品的文学批评中经常被提及的作家作品”；三是指“一个文化拥有的我们可以从中进行的全部精神宝藏”。[①] 在另一篇有关经典构成的文论《作为解决问题之工具的经典》一文中，佛克马开宗明义提出了这样的疑问：“我们都想有一个经典，但是却不知道如何挑选经典；或者说如果我们知道哪些是经典的话，又如何去说服我们的同事相信我们选取的经典是正确的。”[②] 为此，明确谁决定了某种评判标准，从浩如烟海、多若繁星的文学作品中筛选出有价值、有教育作用的文学作品就显得极为重要和必要了。与那些将经典构成视为一种社会过程或机构化过程的学者略有不同，佛克马对经典的研究侧重于从接受美学的角度出发，并贯之于文化相对主义的伦理立场。于他而言，任何经典都是批评介绍的产物，而批评又是一种文化参与和阐释，其标准取决于个体的价值体系、审美观念以及个体所处的社会文化语境。任何经典都不是一成不变的，其形成与流变受到了审美接受与社会文化的影响。

考虑到审美的不确定性和巨大差异性，不同文化体系下的经典构成必然迥然不同，甚至相同文化语境下的个体读者、批评家和文学史家眼中的经典作品也会有所差异。但通过译介，不同民族文化也会有共享的经典作品。比如中国的《红楼梦》、英国的莎士比亚戏剧，就是中西方共同的经典。这是因为这些作家的作品中有某种普遍性的价值和感召力。佛克马将这种普遍性的价值和感召力称为文本的审美潜质（即文本的特性），这

---

① 佛克马、蚁布思：《文学研究与文化参与》，第 50—51 页。

② 佛克马：《作为解决问题之工具的经典》，转引自王宁《佛克马的比较文学和文化理论思想》，《中国比较文学》2007 年第 1 期。

些特性使得个体读者可以在文本与其他读者或者世界等实体之间建立起某种具体的联系。也就是说，一部真正的文学经典其内部本身就存在普遍的审美价值和艺术价值，能够引起读者的共鸣和兴趣，满足读者的期待视界。可见，佛克马是把经典与文本性和审美性联系起来加以考察，根据具体读者的差异性接受来确定不同的经典构成。

同时，他从历史、社会的角度出发，认为所有经典的结构和作用都是平等的，因为所有经典都是一系列有价值的文本，都能为人们的个人生活和社会行为提供选择，为人们在真实生活中可能遇到的难题提供可能的解决方案。而且，不同的经典背后的价值观和世界观并不是对每个人都具有相同的吸引力。从这个层面讲，总有一些经典比其他经典更有平等的意味。佛克马将中国现当代文学经典的建构、重建和解构置于具体的社会文化语境中。由于语言障碍，佛克马对中国文学的接受大多依赖翻译文本。借助翻译，他广泛涉猎了唐宋诗歌，《红楼梦》《儒林外史》《镜花缘》《老残游记》，以及现代作家鲁迅、茅盾、巴金、老舍、郁达夫和钱锺书的作品。在大多数荷兰汉学家醉心于中国古典文学的 20 世纪五六十年代，他却对红色经典产生了浓厚的兴趣。他阅读过的文本包括杨沫的《青春之歌》、艾芜的《百炼成钢》、四部革命样板戏等，他甚至把周立波原载于 1961 年 12 月 16 日《红旗》杂志上的《一个星期天》译成荷兰语。除了红色经典，他间或也阅读一些“非主流”的作品，如张爱玲的《赤地之恋》。

佛克马最喜爱的三部中国现代文学作品是茅盾的《子夜》、老舍的《骆驼祥子》和鲁迅的《阿 Q 正传》。对于鲁迅，他反对简单粗暴的政治化阅读。他认为，鲁迅的作品有着某种神秘甚至超验的东西。夏志清的《黑暗的闸门》（1968）对佛克马产生了深刻的影响。在加利福尼亚大学伯克利分校访学期间，佛克马和夏志清交往甚密，中国文学成为两人茶余饭后的谈资。他反对把《阿 Q 正传》解读成简单的社会批判。根据佛克马的观察，《阿 Q 正传》讲述了一个怕丢面子的人的故事，他不愿承认自己的失败，不断地自我欺骗。作品由此获得一种普遍性价值，不单单涉及某个不幸的中国人，而涉及任何人以及任何人类生活状态。佛克马颇为赞赏王安忆的“三恋”、韩少功的《马桥词典》和莫言的《酒国》等当代先锋文学作品。《锦绣谷之恋》让他联想到伍尔夫的《达洛卫夫人》和《到灯塔去》。他认为，王安忆和伍尔夫的作品都流露出一种“抒情性叙事”诗意的文本品相。在他看来，《马桥词典》触及另一个普遍性问题——语言的局限性和潜能，就像乔伊斯（James Joyce）、普鲁斯特（Marcel Proust）和托马斯·曼（Thomas Mann）等现代主义作家借鉴和观照尼采思想那样，即语言不能完全表达事物的意义。早在 20 世纪 90 年代初，佛克马就发现，莫言是一个讲故事的高手、一个古怪的预言家、一个后现代主义的天才。

也许与其一以贯之的科学研究态度和批评理性主义的主导思想有关，佛克马认为所有的文学研究都受到问题驱动，需要针对问题提供解决问题的模式和工具。文学经典也是这样的一种模式和工具，它可以解决文学批评和文学教育中的问题。一方面，经典作为文学批评的参照点，用来确定文学史的内容；另一方面，经典起到传承文化传统、启迪智性的作用，在教育机构中被用于教学。佛克马对文学研究方法论富有创见的探讨，为其后来具有跨民族、跨文化、跨学科性质的比较文学研究提供了值得借鉴的思想立场和研究方法。

（五）人类大同

作为国际比较文学界的执牛耳者，尽管鲜有专门讨论比较文学理论的专著，但从早年汉学视域下的影响研究到中西乌托邦小说的比较，佛克马一直致力于比较文学理论体系的建构。从一开始佛克马便明确表示，文学是一门语言艺术，是文化的具体表征，只有透彻深入地了解一种文化才能对其文学有比较全面与深刻的认识。如此说来，具有开放性、跨界性的比较文学研究，势必与其所置身的社会文化语境密不可分。

在一次访谈中，佛克马强调比较文学的核心问题就是要知道文学交往是如何在不同文化间发生和进行的。[①] 文学交往又不可避免地涉及成规这一概念。佛克马曾坦言，成规构成了他全部理论的思想基础，是其开展文学研究工作的根本思路，他曾多次撰文对成规进行鞭辟入里的阐发与论述。所谓成规，指的是某一文化群体为解决某一协调性问题经过持续不断的冲突、争辩、渗透、融合而最终达成的或短或长、或隐或明、具有约定俗成性的协议和准则。任何成规都具有一种动态的本质，群体构成成分的变化、个体能动作用以及该群体所置身的语境和环境的变化都可能促使成规变化。社会文化以及个体认知的不同也使得成规显得千差万别。相对成规的另一概念是创新。[②] 在文学发展的过程中，一个新的文学流派或文学式样的出现往往

---

① 生安锋：《文学的重写、经典重构与文化参与——杜威·佛克马教授访谈录》，《文艺研究》2006 年第 5 期。

② Douwe Fokkema & Frans Grijzenhout（eds.），*Dutch Culture in a European Perspective: Accounting for the Past 1965—2000*，Royal van Gorcum/Palgrave Macmillan，2004，pp. 16-17.

是在旧有的成规基础之上的创新，即新成规对旧成规的否定与颠覆，但在新旧成规的不断更替中，旧成规又有回归的可能性。

佛克马将文学与文化界定为一套成规系统。他声称，人们可以利用这些成规进行文化或文学上的交往。在文学交往中，文学成规帮助人们组织关于文学现象的知识，使人们得以区分文学与非文学、虚构与非虚构。包括文学成规在内的文化成规系统是从整体上开展文学与文化研究的重要概念。正因受到美国哲学家戴维·刘易斯所界定的成规概念的启发以及姚斯接受美学史学观的影响，佛克马把文学史置于文学生产和接受的具体语境中加以考察，视之为不同文学成规系统的更替与变化。文学成规系统的变化，是文学史上一个十分重要的现象，从浪漫主义到现实主义，从现实主义到现代主义再到后现代主义，这一系列文学艺术创作成规的变化皆为文学史上的重大事件，文学史研究就是基于理论和经验材料解释动态变化的成规的一种模式。不妨说，文学成规系统的演变规定了文学史编撰的轨迹。

佛克马指出，比较文学研究就是要尽可能地发现不同文化间文学成规的异同。另外，佛克马从分析经验式文学研究与比较文学研究的关系入手，以研究范式为基础提出了比较文学发展的三个阶段：从法国实证主义影响研究到形式主义、新批评研究再到结构主义符号学研究阶段的演变。这个三阶段论的提出极具前瞻性，对中国学者构建比较文学理论产生了不同程度的影响。王宁提出了从宏观视域研究当今国际比较文学的方向，他从国际比较文学演变格局的角度切入将比较文学的发展归纳为法国学派、美国学派与东方学派。曹顺庆则通过总结法国学派与美国学派理论的基础和局限，从学科理论发展的角度提出了比较文学研究经历了“影响研究”、“平行研究”与“跨文化研究”三大发展阶段。乐黛云则认为，比较文学研究的初始阶段在法国，其后在美国，而在全球化的今天比较文学研究已在世界范围内开展。[①] 不难看出，三位学者划分不同的三个阶段理论都是从佛克马所提出的“三阶段说”基础之上发展而来的。

佛克马在比较文学研究上一个尤为显著的特点是，他始终坚守文化相对主义的立场态度。与传统意义上带有狭隘的“欧洲中心主义”和“西方中心主义”色彩的文化相对主义甚为不同，佛克马所倡导的是人类学意义上的文化相对主义，是一种伴随着全球化进程而出现的观念上的转型，即认为每种民族文化都相对独立于他种文化而存在，而每种文化都蕴含其自身的价值，无所谓高低优劣。佛克马对文化相对主义的重新阐释和修正实则是强调研究者应怀有对异质文化的包容性，应倡导不同文化价值观之间多样性共存与平等地对话。佛克马概括道，“文化相对主义不是一种研究方法，更谈不上是一种理论：它是指一种可以影响学者选择研究方法和理论立场的伦理态度”。[②]

从20世纪90年代至今，全球化与地方化之间的矛盾与张力愈发显著，无可避免地导致了文化上吊诡的两极格局：一极是由全球化带来的文化趋同，另一极则是由地方化造成的文化多元和文化孤立。面对如此错综复杂的现实语境，佛克马所坚持的温和的、相对的文化相对主义立场，实则“醉翁之意不在酒”，力图消弭这两种文化潮流之间的抵牾。一方面，他率先打破文学研究上的“西方中心主义”传统，强调各国文学的独特价值。另一方面，他又试图突破文化的藩篱，竭力探寻各民族文学的审美共性和普遍价值，并致力于建构具有乌托邦理想的文学新世界主义，

① 转引自王蕾《佛克马研究》，中国社会科学出版社，2013，第159页。

② Douwe Fokkema, “Cultural Relativism Reconsideration: Comparative Literature and Intercultural Relations,” *Issues in General and Comparative Literature*, Papyrus, 1987, p. 1.

试图搭建一座促进不同文学交流的桥梁。

佛克马对文学研究的独特洞见，使其成为国际学界中一位特立独行的学者。2011 年 8 月 25 日，佛克马逝世两天后，在阿姆斯特丹出版的《完美的世界：中西乌托邦小说》就是一部凝结了他毕生思想精华和美学主张的遗作。在该书中，佛克马从分析中西乌托邦传统入手，从社会、宗教、政治、经济、文化、精神等角度切入初步探讨了中西乌托邦思想的异同之处。全书开篇处，佛克马就导致乌托邦小说出现的原因提出了四点假设。第一，表现时代危机的乌托邦小说。即时代危机出现时，主流的意识形态与现实的需求产生矛盾，作家们便渴望虚构出一个更好的社会。如托马斯·莫尔（Thomas More）的乌托邦和弗朗西斯·培根（Francis Bacon）的《新大西岛》就是对理想政治体制的诉求。第二，乌托邦概念的世俗化。在社会世俗化进程中，那些从宗教启示中解放出来的作家具有乌托邦叙事的冲动。第三，反乌托邦与乌托邦的对立，即我们越是接近政治结构化和社会工程的实践，包括乌托邦原则的实现，我们就更有机会看到越来越多展现美好意愿导致不良结果的反乌托邦作品。第四，文化差异和中欧乌托邦思想的逆向发展。①

基于以上假设，佛克马指出社会矛盾与意识形态冲突是促使乌托邦文学出现的主因，当现实社会的主流意识形态无法满足时代的需求时，具有高度社会责任感的作家面对不尽如人意的社会现实便会把构建一个更加美好的社会的愿望诉诸文学想象。不论是源自文艺复兴传统的西方（反）乌托邦作品（如赫胥黎的《美丽新世界》、奥威尔的《1984》、希尔顿的《消失的地平线》、韦勒贝克的《一座岛屿的可能性》），还是源自儒家传

① Douwe Fokkema, *Perfect Worlds: Utopian Fiction in China and the West*, pp. 16-21.

统的中国乌托邦小说（陶渊明的《桃花源记》、李汝珍的《镜花缘》、老舍的《猫城记》等），都会提出全人类所面临的共同问题，都表达了人类对建立一个和谐、自由的理想社会的美好愿景，都肯定了共同人性、普遍人性的存在。

佛老在世时，用智性之光照亮我蒙尘的心灵，用人性之美为我敞开美好世界之门，用先见之明为我指明人生的方向。十多年过去了，失去敬爱之人的疼痛从未消失，含泪的思念绵绵不绝，可眼泪不能冲淡绵绵哀思和怀念，悲伤不能填补内心永远的黑洞，言语不能表达阴阳两隔的无奈，唯愿恩师的英魂在完美的乌托邦里永远安息。

四

佛克马经验式中国现当代文学研究

文学对话之根本，应是敞开理解之双臂，这是已故荷兰学者杜威·佛克马矢志坚守的学问之道。佛克马是荷兰汉学界最早关注中国现当代文学的学者，多从文学史、文学关系、文学影响和文学伦理等视角管窥鲁迅、老舍、赵树理、张贤亮、韩少功、莫言和王安忆等作家作品中的社会文化变迁现象，坚持打破文学内部研究和外部研究的屏障，从文学生产和接受的具体语境中挖掘文本内在联动的成规性和文本内外互动的对话性。正是在佛克马等众多欧美学者的不懈努力下，中国现当代文学研究成为欧美汉学界的“显学”。

佛克马毕生推崇科学哲学家卡尔·波普尔的批判理性主义、希拉里·普特南的实用主义和德国文艺理论家汉斯·罗伯特·姚斯的接受美学理论，坚守一种经验式的研究路径。以“文学科学”为学术出发点，以“文学成规”为问题导向，用历史的眼光，并时时将文学史置于动态变化的语境中加以考量和审视。佛克马信守文化相对主义立场，在维护文化多样性、开放性和交互性的前提下，倡导异质文化之间进行积极的交流和理解。无论是在文学理论、当代文学思潮还是比较文学和文化研究等研究范畴，佛克马都竭力揭开文学成规的面纱、理性勘察文学场域的边界，力求超越欧洲中心主义和西方中心主义之藩篱，建构具有乌托邦理想的文学新世界主义。

（一）作为一种官方话语的中国文学（1956—1960）

按佛克马的话来说，若要评价20世纪50年代以来中国官方文学话语的巨变，“理想的方法似乎是对‘文学’概念进行描述和分析，但研究对象本身决定了这种方法并不可行”。[①] 从1949年中华全国文学艺术工作者代表大会算起，到“百花齐放，百家争鸣”文艺方针出台，再到1966年“无产阶级文化大革命”爆发，文艺政策发生大逆转，社会进入最为动荡又充满历史机遇的年代。这是一个红色正典盛行的特殊时期，我们无法摆脱文学与政治、现实与历史的彼此纠缠，历史的承续性和复杂性必然沉潜在文学记忆深处。法国诗人戈蒂埃（Théophile Gautier，1811—1872）标榜“为艺术而艺术”（l'art pour l'art）的一种先锋姿态，而这种鼓吹文艺脱离社会的口号，显然背离了20世纪60年代中国官方文学话语。文艺创作源泉理论同马克思主义其他理论一样，必须能推动历史进程，直至实现共产主义。因此，只有从切实材料出发，回到历史语境中考虑政治形势和意识形态因素，才能系统全面地理解中国当代文学发展史。

《中国文学与苏联影响（1956—1960）》是佛克马研究中国当代文学史的博士学位论文中译本，2011年由北京大学出版社出版。洪子诚在《相关性问题：当代文学与俄苏文学》一文中称

① D. W. 佛克马：《中国文学与苏联影响（1956—1960）》，第238页。

赞其确立了一种“有迹可循”的学术方法。[①] 在书中，佛克马着力发掘影响文学生产和接受合法性的关键性因素，建构出能够介入现实、超越历史观念和重新发现历史的一个概念框架。佛克马认为，客观历史真相并不存在，历史书写必然会涉及不同的文化主张、价值取向和审美旨趣。因此，以不同的历史时代、学术视野和理论框架来看待一种文学现象，就会产生不同的意义和价值。在20世纪60年代，当冷战思维一统西方学界的时候，佛克马并没有像大多数汉学家那样“厚古薄今”，而是摈弃意识形态造成的傲慢与偏见，基于其文学经验和理性思考做出判断：中国官方文学话语，是苏联文学和理论与本土内在需求共同催生的结果。1942年，毛泽东的《在延安文艺座谈会上的讲话》正式确立了中国文学理论的基本原则和主要命题——“任何阶级社会中的任何阶级，总是以政治标准放在第一位，以艺术标准放在第二位”。[②] 佛克马强调，毛泽东并没有忽视文艺的政治功用及其反作用于社会发展的审美潜质和独特价值。相反，毛泽东在该讲话中提出，“如果连最广义最普通的文学艺术也没有，那革命运动就不能进行，就不能胜利”，[③] 恰恰说明毛泽东重视从文艺理论或文学作品中汲取有利于实现社会变革的思想元素，这与毛泽东“本身还是个诗人”的基本事实不无关联。[④]

作为一种创造性发展的中国当代文学理论，理论绝不能与政治实践脱节。对于这一点，中苏理论家们心照不宣，对政策变化的高度忠诚远比理论原则的体系化或理论知识的法典化来

① 洪子诚：《相关性问题：当代文学与俄苏文学》，《中国现代文学研究丛刊》2016年第2期。

② 《毛泽东选集》第3卷，人民出版社，1991，第869页。

③ 《毛泽东选集》第3卷，第866页。

④ D. W. 佛克马：《中国文学与苏联影响（1956—1960）》，第6页。

得重要。创作主体和研究主体审时度势，是整个中国当代文学发生和发展链条上必不可少的重要准则。从“无产阶级现实主义”到“社会主义现实主义”，再到“革命的浪漫主义与革命的现实主义相结合”的官方文学话语的形成过程，一方面反映着中国文学生产和接受的动态发展，即政治政策的常读常新，使文学和文学理论等的概念和功用不断变化；另一方面，其折射着个体对文学活动的主观介入和强势干预。主流作家与持非正统观念的作家间的这种讨论持续进行，很多时候由文艺思想问题升级为“政治问题”，讨论变成批判，甚至演变为阶级斗争。每一次“离经叛道”的政治选择，都意味着需要为未知的风险付出沉重代价。1958 年，随着中苏关系恶化，文艺理论旗手们提出，将“革命的现实主义”与“革命的浪漫主义”结合起来，用以取代“社会主义现实主义”这一相对模糊的概念。尽管一手历史资料有限，佛克马依然提出了深刻的洞见：中苏两国文学理论对社会主义现实主义的解读不同，中国文学更多是“移植”苏联文学理论而非简单受其“影响”。本质上，其属于一种“文学教义”，是特定历史时期和特定历史场合下的意识形态构造物，弘扬浪漫主义，重视神话和民间传说，以满足自身消化和吸收中外文学传统的需要。

佛克马致力于探索中国现代文论与意识形态之间的对话关系。一方面，他使我们重返生动感性的历史现场，有效地帮助我们克服遗忘；另一方面，他拓展文学概念的外延，探究苏联文学和文艺思想对中国当代文学话语的形塑作用。他以恢宏的学术襟怀和令人钦佩的学术胆识，力求在“排除自我”的情况下对历史进行理性观察和思考。他去伪存真、去芜存菁，系统地梳理自 1942 年以降的中国文学史，敏锐地洞察中国现代经典与政治事件之间的内在关联，从多元角度整体性地把握文学生产和接受的走势和规律性变化。他克服影响研究的局限性，洞悉历史的烟云，以史料和思辨相结合的经验式研究方法，梳理历史线索，挖掘文艺与政治互相作用、彼此关联的事实。他用深沉的历史眼光回望过去和瞭望未来，将纵横交错的材料线索织成一部完整而细腻的中国当代文学断代史。

（二）作为一种互文性表现的中国现当代文学

福柯（Michel Foucault）在《词与物》中宣告以笛卡尔为代表的主体论走向终结，人们所谈论的文本不再具有内在的文学与美学价值，具体的社会历史语境连同无处不在的文本间性消解了根深蒂固的“文本价值内在说”。“互文性”（intertextuality）这一后结构主义批评术语，源于苏联文艺理论家巴赫金（Михаил Михайлович Бахтин，1895—1975）的文艺思想。罗兰·巴特（Roland Gérard Barthes）、德里达（Jacques Derrida）、热奈特（Jean Genet）和里法泰尔（Michael Riffaterre）等结构主义和后结构主义理论家们纷纷对其做出回应和阐发。其中，以法国批评家和思想家朱莉娅·克里斯蒂娃（Julia Kristeva，1941—）在《符号学》中提出的观点最具代表性。克里斯蒂娃认为，互文性是指不同文本之间及同一文本内部上下文之间存在纵横交错的对话性和关联性。在同一文化体系的不同时期，文学传统时刻形塑文学现象、文学走向和文学景观。这就意味着，研究文学文本，需要着重关注文本内外的对话性和论争性。佛克马认为，只有管窥互文性表现中的对话因子，才能更好地理解文本的双重指涉性，他另辟蹊径，从跨文化角度重新诠释“互文性”和“重写”（rewriting）两个概念。作为方法论，互文性就是对前文本进行重写。重写指对前文本的指涉及对世界的指涉，是互文理论框架中的一种技巧、一种具象的呈现，也是作者的一种自我定位和探索写作可能性的一种方法。在历史长河里，东西方写作者都无数次诉诸重写，既指涉当前的社会现实境况，又指涉前人的文本，这无疑强化了文本意义的含混性、多义性和隐喻性。如果说不同文化之间产生了跨文化互文性（cross-cultural intertextuality），跨文化重写就是寻求不同文化之间互相影响、互相镜鉴的文化关系史。

如同阐释学、结构主义、解构主义和新历史主义等理论流派，尽管互文性理论属于西方舶来品，在中国文学批评传统中尚未形成明确统一的体系，但互文现象却是一种源远流长的常识性存在，其间蕴含着中西文化互鉴互通的极大可能性。佛克马借助互文性理论分析中国现当代文学，推导出作品中或隐或显的互文性及其跨文化潜质。他发现，鲁迅巧妙地借用《庄子·天运》构思《出关》中老子与孔子会面的历史场景。在他看来，鲁迅取法中国传统儒家和道家典籍，转用旧材料对当时的社会状况进行批评和反讽性重写，制造了一种荒诞的艺术效果。刘震云的《故乡相处流传》通过重写曹操袁绍之争、朱元璋移民、慈禧垂帘听政和太平天国的失败，以及 1958 年大炼钢铁运动等历史大事件进行了社会批评。佛克马认为，文本在相互参照、彼此牵连的内在联动和内外互动中，既保持着文化内部文学传统的连续性、统一性和协调性，又敞开了文化之间交互开放的对话性。一方面，作家们将中国传统和现代语境嫁接起来，从本民族文化传统中汲取创作灵感和思想精华。另一方面，他们在作品中指涉外国文本，吸收和改造本民族以外的文化思想和文学元素。在此，我们可以联系巴赫金的“对话理论”（dialogism），在具体的社会文化语境中阐发和讨论跨文化文学对话问题。一般而言，文化在定型时期基本上由统一的“独白话语”（monologue）所支配。而在文化转型时期，“独白话语”的中心地位逐渐解体，形成众声喧哗（heteroglossia）的芜杂局面。各类语言和文化在转型时期只有通过发掘对话性才能同生共荣。中西文学或者其他东方文学之间的对话，正是一种视界融合的过程。

自中国现代文学诞生之初，其世界性与民族性问题就形成错综复杂的关系，成为百余年来中国文学发展历程中的重要命题之一。五四以来，中国陷入了一种西方意义上的宏大叙事话语场，通过借鉴西方科学主义和理性主义，试图建构一个宏阔的政治文化叙事场，不仅包括从西方引进的马克思式辩证唯物主义，也包括传统的儒家哲学思想，从而实现“救国图存”的宏大目标。通过互文性重写，文本获得自身新的存在机制，使得创造性继承和创新性发展成为可能，传统经典在“古今演变”的重写机制中得以延续，文本意义在对过往文学经典的解构和重构中得以彰显。以莫言的《酒国》等为例，从跨文化互文性和文学重写视角来看，其不仅汲取西方后现代写作技巧，还运用了中国传统小说中的叙事技巧。[①] 两部作品所采用的互文性叙事技巧，恰恰弥合了作品内部的零散性、模糊性和不确定性。

佛克马敏锐地观察到，作为文学创作的重要源泉之一，中国当代文学中诗歌和小说的怀旧主题也常常以重写形式出现。例如，《狂人日记》（1918）的创作灵感显然来自易卜生的《人民公敌》（1882）；收录于《彷徨》（1926）中的《伤逝》虽然找不到任何明显关联的前文本，但其格调和氛围多少带有果戈理、陀思妥耶夫斯基、契诃夫和迦尔洵等俄国作家的文本留痕。王安忆的茅盾文学奖获奖作品《长恨歌》，与白居易的爱情长诗

① Douwe W. Fokkema, “Rewriting: Forms of Rewriting in the Chinese and European Traditions,” *Comparative Literature: East and West*, No. 1 (March, 2000), pp. 3-14.

《长恨歌》进行对话，通过追溯中国历史上最凄美动人的爱情悲剧，勾勒出上海交际花王琦瑶红颜薄命、阴差阳错和跌宕起伏的人生际遇。尽管作家的语言观不同，他们通过探索语言的意义和边界，对已经僵化的文学语言形式进行抗争，为重写提供理据。作家利用熟悉的经典文学文本对怀旧主题进行重写，反映社会现实，将过去的文学阐释转化为新的语言符号和文化表达方式，并注入鲜活的意象，为往昔的经历赋予新的意义，这是个体或群体在特定历史条件下特定的文化选择和文化参与。在互文关联的释义过程中，文本的风格化语言可以影响读者的审美态度，吸引和刺激读者寻求文学阅读标记，引导读者开启审美式阅读，在怀旧之镜中望见未来，在艺术之笔下塑造一个新的生活世界。

佛克马常常借用形式主义方法和观念，但却克服了形式主义过度夸大语言形式的理论缺陷。在具体的文学生产和接受语境中，佛克马对中国现当代文学批评与研究提出了一系列富有真知灼见的新视角、新思路和新方法。这既是对西方形式主义文论的承续，又是对 20 世纪 80 年代以来“泛文化”“泛理论化”思潮的反动和纠偏。

（三）作为一种文学成规的中国（后）现代主义

正如佛克马所言，“文学潮流并没有一个泾渭分明的开始和终结”。[①] 当群体非刻意间达成共同的协议或规定，文学交往便不可避免地具有成规性。成规性概念，可以说是佛克马学术思想的“点金石”。1996 年，佛克马和蚁布思夫妇在北京大学的系

① 佛克马、伯顿斯编《走向后现代主义》，王宁等译，北京大学出版社，1991，第 1 页。

列讲座稿以《文学研究与文化参与》为书名结集出版。在书中，佛克马将文学与文化界定为一套套成规系统，个体认知水平、社会形态和文化语境的不同，对成规的接受程度也迥然各异。在重写、互文性和成规性三者中，成规性概念的包容性最强。当一种文化接受或吸收另一种文化时，两种文化的差异性表现便会凸显成规性。旧成规在新旧交替的轨迹中有可能产生新的冲击性力量、传递新的文化信号。佛克马强调，成规提供一种方法论基础，不同文化之间会依据自身历史和文化的成规性，搭建与外来文学思潮或“文学符码”（literary code）的一座对话性桥梁。

佛克马采用多元化和开放式思想方法，集中探讨现代主义和后现代主义的中国表现，并围绕文学成规和文化符码概念，重点关注现代主义和后现代主义文学及其在世界文学中的影响和流变。后现代主义在中国的接受语境中产生变形和变异，使得这种源于西方的文学形式走向了差异化、多样化和中国化的发展道路。在《走向后现代主义》中,佛克马将研究视野拓展到全世界，力求突破欧洲中心主义之局限。由于中国特殊的政治和历史背景，20 世纪上半叶涌入中国的自然主义、浪漫主义、象征主义、表现主义和批判现实主义，中国传统文学经典、通俗文学和民间传说，新中国成立以后的社会主义现实主义和外国左翼文学，统统都对中国后现代主义产生了不容小觑的影响。1978 年之前，西方现代主义已传入中国，虽未在中国形成气候，却成为一股暗流，缓缓流出历史地表。进入 20 世纪 80 年代后，一批标新立异的中国“先锋”作家大胆采用西方现代派手法来革新既有文学表达，力图在创作中实现某种创新和超越，用反传统的语言和“陌生化”手法来表现时空关系的颠倒错乱和情节因果关系的断裂，拆解传统的叙事模式，呈现小说人物的内心与外在视点的模糊界限，彰显有关“自我迷失”和“反主流文化”的主题。佛克马发现，钱锺书的作品《围城》已然具有明显的现代主义文学特征。20世纪80年代后期，王安忆的“三恋”（《荒山之恋》、《小城之恋》及《锦绣谷之恋》），以及王蒙、张洁、张抗抗等作家作品中对意识流和自由间接引语的运用，充分表明中国现代主义文学已经汇入世界文学洪流中，成为世界现代主义文学大潮中的朵朵浪花。

2005年8月，佛克马应邀参加在深圳举办的中国比较文学学会第八届年会暨国际学术研讨会。他的主旨报告涉及王朔的《千万别把我当人》（1989）、余华的《活着》（1993）、莫言的《酒国》（1992）和《丰乳肥臀》（1996）、韩少功的《马桥词典》（1996）、海男的《男人传：一个男人的情感史》（2004）等中国当代作家的作品。他指出，中国后现代主义实际上是国际后现代主义的有机组成部分，它在特定的中国文化语境里产生并形成了自己特殊的叙事特征。较之西方，中国后现代主义更为强势，更多地表现为一种文化精神上的“激素”和“催化剂”，在大多数情况下只是将后现代视为一种可参照的视角，并不表明这些作家或作品必定具备某种内在的“后现代”属性。事实上，后现代派小说是对现代派文学的深化与超越，是对形而上思考的关注和反拨，不能够仅仅通过表面化模仿而获得富有意义的文化内涵。佛克马强调，后现代主义文学是不能模仿的，与其说后现代主义是作为一种思潮影响着中国文学，倒不如说它是一种精神上的鼓舞和文化上的张扬。历史相似性和耦合性，又为这种模仿奠定基础和提供生长环境，为新的文学样式提供土壤。[①]

---

① 此文已收入由王宁为美国的文学史权威刊物《现代语言季刊》（*Modern Language Quarterly*）编辑的关于中国现代文学的专辑。参见 Douwe W. Fokkema, “Chinese Postmodernist Fiction,” *Modern Language Quarterly*, Vol. 69, No. 1 (2008), pp. 141-165。

佛克马以宏阔的视野全面深入地研讨中国后现代主义文学，这无疑对在世界文学语境里不偏不倚地考察和接受中国当代文学，起到了正向推动作用。2012年莫言获得诺贝尔文学奖，这被视作中国当代文学获得国际认可的一个风向标。正是在这一时期，更多年轻一代学者备受鼓舞，以更大的热情投身比较文学与世界文学的研究当中。作为一个欧洲比较文学大师，佛克马时刻警惕欧洲中心主义的魅影和陷阱。他承认文化传统之间具有根本性差异，反对用西方的文化标准审视东方的文化传统，而且大胆地将跨文化比较的视野和方法拓展到全世界。佛克马以敏锐的学术眼光察觉中国现当代文学里所蕴含的世界性，促使其持续推动东西方比较文学的大发展，呼吁构建一种真正意义上的世界主义和世界文学。

（四）作为一种文化相对主义的比较文学

从20世纪90年代至今，全球化与地方化两种互相博弈又互相依存的思潮，使文化兼具趋同性和多样性。回顾比较文学学科史，无论是19世纪中后叶“独步天下”的“法国学派”还是20世纪50年代后期强势崛起的“美国学派”，西方中心主义式的比较文学长期占据主导地位。20世纪80年代，越来越多的西方学者开始内省和反思，越来越多的东方学者投身比较文学事业，文化相对主义的内涵随之发生改变，东西方多元共生和相互融合的发展趋势已不可阻挡，为比较文学学科转型和转向创造了多种可能。

20世纪70年代，美国比较文学大师韦斯坦因（Ulrich Weisstein，1925—2014）提出了颇具争议性的“东西方文学比较的不合法性”议题。针对这种偏狭的西方中心主义论调，佛克马认为，探讨文学理论普适性问题和各民族文学的审美共通性势在必行。1972 年，佛克马在《淡江评论》上发表题为《文化相对主义与比较文学》的文章，其间以文化相对主义为阐释之道，以特定历史时期的文化思想理念和价值体系作为研究某种文学类型的价值判断依据。显然，佛克马洞悉了全球化背景下比较文学研究的走向和态势，开始有意识地摆脱西方中心主义意义上的“中心/边缘”文化相对论。他从不盲从学界表面化的“比附式”研究，尤其注重文学的世界性因素。他反其道而行之，对文化相对主义的内涵进行重新阐释和修正。佛克马着重剖析了文化相对主义的必要性和重要性。他指出，不同时代的文化都来自特定的社会环境，产生与之相适应的文化取向、价值体系和语言符码，相对于他者的文化而合理存在。正如萨义德（Edward W. Said）所言：“所有的文化都交织在一起，没有一种是单一的，单纯的。所有的都是混合的，多样的，极端不相同的。”[①] 虽然文化彼此之间存在差异，但是各有千秋，没有一种文化可以独占鳌头。文化相对主义者重视异质文化价值观之间的对话性和交融性，倡导不同文化与不同文学之间应该互相补充、互相交流、互相借鉴乃至互相体认，共同面对人类社会生存和发展的问题。

佛克马强调各国文学的独特价值，探问各民族文学的差异性表现，致力于在不同文学传统之间搭建一座“各美其美、美美与共”的沟通桥梁，力求实现歌德所构想的“世界文学”愿景。自 90 年代中后期以来，佛克马多次到访中国，与中国比较文学学界保持着深度沟通和良好互动。佛克马积极邀请中国学

---

① 爱德华·W. 萨义德：《文化与帝国主义》，李琨译，三联书店，2003，“前言”第 22 页。

者参加自己主持的荷兰科学研究组织（NOW）百万欧元重大项目——“用欧洲语言撰写的比较文学史”（The Comparative History of Literature in European Languages）研究，让其承担子课题“国际后现代主义：理论和文学实践”（International Postmodernism: Theory and Literary Practice, 1997）的部分研究。这样一来，一部用英语撰写的多卷本国际比较文学巨著中首次辟有“中国文学”专章，对中国当代文学场域进行了历时性和共时性描述。2011 年，阿姆斯特丹大学出版社出版了佛克马的遗作《完美的世界：中西乌托邦小说》。在该书中，佛克马以中西乌托邦传统为中心，用世俗化的乌托邦概念描绘乌托邦叙事冲动，分析各民族文学的文化理想和审美共性，如奥尔德司·赫胥黎（Aldous L. Huxley, 1894—1963）的作品《美丽新世界》（*Brave New World*, 1932）对莎士比亚创作于 1612 年的剧作《暴风雨》（*The Tempest*）的引用，又或是在老舍《猫城记》（1932）的情节构造上不难发现乔纳森·斯威夫特（Jonathan Swift, 1667—1745）的讽喻小说《格列佛游记》（*Gulliver's Travels*, 1726）的烙印。佛克马指出，无论是源于文艺复兴传统的西方（反）乌托邦作品，还是源于儒家传统的中国乌托邦小说等，作品通过局外人和局中人的对话和讨论反映社会矛盾与意识形态冲突，揭露人们习以为常却荒诞不经的世态和世道。当社会主流意识形态陷入现实困境，信仰缺失无法满足时代需求时，那些具有高度社会责任感的作家就会诉诸笔端，放飞文学想象的翅膀，构建一个个完美的乌托邦或不完美的反乌托邦。佛克马穿行于想象的（反）乌托邦世界之间，从跨语言、跨国界、跨文化和跨学科视角观照东西方文学，着力探寻中西乌托邦小说所承载的文化通则和政治诉求，以此表达深切的人文主义关怀和悠远的世界主义愿景。

佛克马反对极端的文化相对主义，坚持温和的文化相对主义。他站在世界主义者和文化相对主义者合二为一的思想高度上，以承认差异为前提，借助对差异性文学表现的经验式研究，寻求和提炼不同文化之间的通约性，而不是假装秉持“放之四海而皆准”的“世界主义”，实际上施行西方中心主义和文化绝对主义之道，对非西方的文学表现进行预设、规定和推演。他力图消弭全球化和本土化两种文化潮流之间的抵牾，打破西方中心主义框架下“法国学派”和“美国学派”的话语权之争，为破解西方语境下的“比较文学名与实之争”及比较文学“学科之死”等似是而非的命题打开一扇窗，提供了一种可能的解决方案。

希拉里·普特南曾说，“怀疑和信念一样需要理据”。[①] 简短的十一字箴言，却道出了佛克马一生不简单的学术轨迹。生前，他站在历史与逻辑相结合的时空节点上，坚守文学科学化和经验式研究路径，真切地透视文学现象和文学事实，用动态变化的眼光审视世界文学经典构成，在国际学术前沿发出理论宏音。佛克马超越西方中心主义的局限，秉持文化相对主义立场和态度，致力于建构一种新型世界主义。佛克马对价值判断持一种审慎态度，而对东西方文化交流和思想沟通却表现出一种非凡的包容性。世界文学不仅包含来自不同文化传统的文本，还囊括各种文本碎片、主题、表达和隐喻集大成的宝库。通过模仿、叛逆性创造或其他形式的重写，作家们吸纳异质文化的文学营养，使文本间的关系不再囿于自身的文化传统。佛克马从母题、主题、意象、形象、手法和技巧等多个方面发掘中国现当代文学作品里丰富的成规性和对话性，透过林林总总的跨文化和文

① Hilary Putnam, *Pragmatism: An Open Question*, Blackwell, 1995, p. 20.

化内互文性与重写现象，不局限于一时一地的文学状况，论由史出，构建了一个别具一格的经验式研究文学分析体系。长久以来，西方中心主义的“幽灵”在人文社会科学领域逡巡游荡，幻化成一种西方学者甚至部分东方学者的“集体无意识”。佛克马走出“文化围城”、拨开思想迷雾、驱除观念魅影，凭借自身丰富的历史文化知识和浓厚的人文关怀，适时调试理论标尺，对西方文学文化理论进行合理的质疑和必要的修正。他穿透思想栅栏和意识形态“铁幕”，与中国现当代文学进行长达半个多世纪的亲密接触，并为中国比较文学走向世界搭建了一个重要的跳板。

纵观佛克马一生的学术轨迹，其研究始终以文学科学为线索，以经验式研究为方法，同时始终贯穿着他对文学审美进行系统化、科学化研究的追求，始终将文学视为人类交往的重要方式，始终坚守温和而审慎的文化相对主义立场。佛克马与时俱进，但决不随波逐流。其全部的研究工作从经验出发，以文化相对主义为思想基础，以问题为导向，以科学方法为手段，终身致力于探寻突破文化藩篱的文化通则和各民族文学的审美共性。他对受意识形态驱动的文化研究持保留意见，反对用“政治正确”作为衡量和考察文学的主导甚至唯一标准。他认为，文化研究常常为新马克思主义者或后马克思主义者裹挟，成为一个大包大揽而又极其政治化的概念，无所不谈、无所不指，缺乏足够的专业性，又忽略了艺术概念和审美作用。

佛克马终身崇尚运用科学方法研究文学生产和接受，为此被贴上“伪装的欧洲中心主义者”、“残存的俄罗斯形式主义者”和“科学主义者”的标签。佛克马坚持区分作为文化参与的文学批评和作为科学研究的文学研究，从方法论上质疑和批驳各种怀疑主义、虚无主义和原教旨主义。无独有偶，佛克马与俄罗斯形式主义、结构主义思想家罗曼·雅各布森（Roman Jacobson）曾经有过一次有趣的交集。访学哈佛期间，佛克马遇见了雅各布森。交谈中，雅各布森痛心地长叹一声："流亡者的面包是硬的。"谈及国际学界（尤其是美国）对他本人的种种冷嘲热讽，佛老生前往往一笑置之。他时常提醒我，从事学术研究一定要站稳脚跟、睁开眼睛、敞开心扉，在坚持学术立场的同时学会倾听、善于变通。他一生中最自豪的两件事：一是和解构主义第一人德里达同为波兰华沙大学的荣誉博士，而他比德里达早一年获此殊荣；二是 2001 年他被比利时根特大学授予萨顿骑士勋章。事实上，与其泛称先生为欧洲中心主义者、科学主义者和俄罗斯形式主义者，不如说他是一个波普尔式的批判理性主义者和普特南式的实用主义者。根据波普尔的看法，科学研究的一切结论都应被视为暂时的真理（而这种真理原则上可能受到批评）而非确定的真理。先生对此高度认同。他也赞同普特南的"概念相对论"（conceptual relativism）哲学立场，屡屡引用普特南在以色列特拉维大学讲学时所用的一句箴言——"怀疑和信念一样需要理据"。[①] 他坚持文化相对主义的立场，但又时时警惕基要主义、原教旨主义、狭隘民族主义等极端文化相对主义的思想陷阱。他旁涉 20 世纪重要的理论流派，经过分析反思，取各家之长，最终建构其自成一家的理论体系。虽然佛克马在文学研究的过程中时常涉及文化、社会学、心理学等其他研究领域，但他的学术目光却始终紧盯文学研究的基本问题不放，从不剑走偏锋、刻意求新猎奇。随着时代的变迁，学术大环境也悄然发生着变化，涌现了一股文化研究的大热潮，许多学者的研究兴趣继而发生了转移。尽管佛克马赞成将文学置于文化

① Hilary Putnam, *Pragmatism: An Open Question*, p. 20.

的总体框架内考察，但却从未涉足文化研究。

2001 年，比利时根特大学授予佛克马萨顿骑士勋章，他在致辞中援引美国哲学家努斯鲍姆的话，“文学能把我们从一种生活传送到另一种生活当中，同时又能使我们保持秉性”，且“叙事性想象为道德互动提供绝对必要的准备”，从而使我们能够洞悉人类共有问题的多样化体现形式。[①] 对于佛老来说，人文科学的宗旨就是不仅让人类过上富庶的生活，同时也为个体追求幸福指明道路，其终极目标在于谋求个体幸福和全人类的福祉。从这个意义上讲，他可以说是一个怀抱乌托邦理想的实用主义者。时至今日，佛克马带有西方人文主义、批判理性主义和实用主义色彩的学术思想仍旧焕发鲜亮的光芒。他的价值取向和学术立场，对中国学者在世界语境中建构中国学派具有重要的启示和借鉴意义。

① Martha Naussbaum, *Cultivating Humanity: A Classical Defense of Reform in Liberal Education*, Harvard University Press, pp. 90–110.

五

诗歌旅行者

（一）为了诗歌上路

荷兰莱顿大学首席汉学家柯雷在国内诗歌圈是一个响当当的人物。1986年秋至1987年春，他在北京大学学习中文，师从洪子诚和谢冕等中国当代文学大师。有着犹太血统的柯雷身材高挑，眼窝深陷，左耳戴着一只耳钉，不是“光头柯”就是“列侬雷”造型，着装随意，言语风趣，很有雅皮士范儿，吹拉弹唱样样会，红星二锅头一瓶不醉，晚上出没于三里屯酒吧，是那一带出名的荷兰萨克斯手。这个帅气的荷兰文青与诗人兼翻译家马高明合作编译的《荷兰现代诗选》（漓江出版社，1988），首印1万册，在文坛轰动一时，成为那段激情燃烧的岁月的一个文化符号、一部永远的诗歌经典。2005年，《荷兰现代诗选》由广西师范大学出版社再版，当年即被评为“中国最美图书”，被选送参加德国法兰克福国际图书博览会。

2016年，柯雷从执掌七年的荷兰莱顿大学区域研究所（LIAS）所长位置上退了下来。此前，他获得国家汉语国际推广领导小组办公室“理解中国”项目6万元资助，顺势在中国开始了长达半年的学术休假之旅。他以北京师范大学为起点，活动范围频频向外扩张。从北到南，从东到西，他行走两万里，深度体验着中国日新月异的发展和变化，指尖上的 App 花样迭出。他最喜欢的旅行方式是乘坐高铁出行，称高铁是“我的天堂”。北上哈尔滨、呼和浩特，南下深圳、东莞和广州，东至上海、南京、扬州和苏州，西达昆明、成都、贵阳。他如此一反常态地高调出行，主要目的有二：一是宣传他的新书《精神与金钱时代的中国诗歌——从 1980 年代到 21 世纪初》（北京大学出版社，2017）；二是开展田野调查，为自己新的科研课题“打工诗歌”和“文化翻译”积累第一手资料。无论走到哪里，总有知情人追着问：“你就是 80 年代《荷兰现代诗选》那个柯雷吗?”自己的名字与一本书、一个时代奇妙地结合，让柯雷满心感动。

出道 30 多年来，柯雷在诗坛交友广泛。无论是“京派”还是“海派”，无论是“知识分子”还是“民间”人士，无论是资深学者还是新锐学者，见面就是朋友。柯雷一向反对“北京中心主义”和“大男子沙文主义”。这种对“中心主义”的反感，对“多样性”的推崇，成为柯雷一贯的政治主张和学术立场。中国诗坛 30 年风云变幻、潮流更迭、人事代谢，但柯雷“黑白两道通吃”的好人缘却从未改变。他最铁的“哥们”有唐晓渡、西川、韩东、于坚、车前子、黄礼孩，最亲的“姐们”有翟永明、周瓒、尹丽川。高度统一的两面性，是柯式风格标识：最讲原则，又超级变通；表面嘻哈，又内心深沉；感情丰富，又绝对理性；特立独行，又人情练达。在这一点上，他是最“荷兰”的荷兰人。

2005 年，年仅 32 岁的柯雷过关斩将，获得汉语语言文学唯一的教授席位，成为莱顿大学 1575 年建校以来最年轻的教授、汉学系第六任教授［前五位为施古德（Gustave Schlegel）、高延（Johann Jacob Maria de Groot）、戴闻达（J. J. L. Duyvemdak）、胡瑟威（Anthony François Paulus Hulsewé）、伊维德（Wilt L. Idema），第一位汉学教授席位设立于1876年]。柯雷身穿庄重的黑色教授袍，在中世纪古城的学术大厅里发表就职演说，用字正腔圆的“京片子”朗诵了西川《鹰的话语》的几行诗句：

> 要不要读一下这张地图？忧伤是第一个岔路口：一条路通向歌唱，一条路通向迷惘。迷惘是第二个岔路口：一条路通向享乐，一条路通向虚无。虚无是第三个岔路口：一条路通向死亡，一条路通向彻悟。彻悟是第四个岔路口：一条路通向疯狂，一条路通向寂静。

柯雷人生道路的分岔口，是矛盾的对立统一。当年的引语变成谶语，“这张地图”就是中国从官方到民间、从先锋到打工、从北京到边疆广袤的诗歌版图。为了诗歌上路，似乎成了汉学家柯雷的宿命。

（二）瘸子跑马拉松

柯雷的汉语学习经历，跟他的人生一样传奇。他第一次接触汉语，纯属偶然。14岁那年，医学家老柯的汉学家朋友到家里做客，给小柯带了一本《汉语自修》。柯雷翻了翻书，对方块字产生了好感，然后把书晾到一边。高中毕业后，柯雷去美国做一年交换生，在那期间选修了汉语。回国后，他进入莱顿大学专修汉语，他的同班同学中有贺麦晓和荷兰驻瑞士大使罗安怡（Anne Elisabeth Luwema）。大学毕业后，他获得了悉尼大学汉学系教职，在澳大利亚工作了四年，直到1999年通过全球竞聘获得莱顿大学汉学系教授席位。

柯雷的汉语绝对令人惊艳。一次，他和前妻阿豆在北京亮马河一家仿古红木家具店挑选家具。柯雷跟女店员东拉西扯，询问价格、产地、售后服务、运输方式等细节，她边低头干活边回话，猛一抬头看见一个大鼻子“鬼佬”，满脸愕然。另一次，柯雷去洪子诚先生家里做客，正好有一南方评论家登门造访。洪先生介绍两人认识，然后半开玩笑半当真地说：“×，你得好好向柯雷学汉语。他的普通话比你标准多了。”然而，柯雷对汉语学习的难度向来有着清醒的认知。他自诩为“非要跑马拉松的瘸子”，因为外国人读汉语就像瘸子走路一样，步履蹒跚、行动艰难，但他一旦开跑，不到终点决不罢休。柯雷坚持阅读汉语原文，是因为他反对把汉语贬低为“田野语言”（field language）的殖民主义学术立场，他认为严肃求真的学术研究必须从原文出发。从来不读原文的汉学家要么是态度问题，要么是能力问题。能力缺陷不可怕，真正可怕的是“井底之蛙”的殖民主义心态。柯雷相信“勤能补拙”的朴素真理，自觉地把汉语学习当成一辈子的马拉松赛跑。他是听觉型学习者，身上长期备有卡片或贴纸，一听到新词就马上记下来，随听随记、随学随用。日积月累，他的汉语词汇量大得惊人，他创造新词和趣词的能力让大多数汉语母语者望尘莫及。现在，“瘸子”柯雷自认为到达了一种“如鸟得水”的境界。有一种鸟，虽然生活在母语的天空里，但它会潜入外语水域，也会捕鱼（语）。柯雷正是那只学习能力超强的水鸟，新领域、新事物和新技术都会引起他强烈的求知欲和探索精神。插一句有趣的题外话，他有200多个微信群，但他很少发声，基本处于“潜水”状态。

柯雷天生热爱自由和冒险。他从来都不是书斋式学者，而是一个在路上的背包客。他善用文化人类学家的田野调查法，四处走访、调查、搜集资料，在文本、语境、元文本交织渗透的多元背景下勾勒中国诗歌景观。在2017—2018年的学术旅行中，他搜集了三倍于他体重的资料。积攒几十年的“家当”已成为荷兰莱顿大学图书馆的“特别藏书”，享受珍本古籍的礼遇。完整的“中国当代诗歌资料库”也被美国汉学杂志《中国现代文学与文化》（*Modern Chinese Language and Culture*）数据库收入，为汉学家研究中国当代诗歌提供了最权威、最全面、最丰富的文本和元文本。

（三）“导”和“博”的小故事

才华与颜值双飚的柯雷有着奇异禀赋，集音乐家的听力、诗人的敏感、语言学家的精准、哲学家的思辨于一身，荷兰语是他的母语，英语不是母语胜似母语，汉语是准母语，他还熟练掌握了法语、德语、日语、希腊语、拉丁语等外语。1999年，我在丹麦国际交流学院进修北欧文学和欧洲艺术史，寄住在一个丹麦老太太家里。一天，房东叫我去客厅接听国际长途。拿起话筒，一股熟悉的“儿化音”语流冲击着我的耳膜：“我是荷兰莱顿大学柯雷。请问，您是从北语来的张晓红吗？乌特勒支大学佛克马教授向我推荐了你，听说你对朦胧诗很着迷？你有兴趣到莱顿来看一看吗？”震撼之下，我问了一个傻傻的问题：“请问您是中国人还是荷兰人？”“绝对正宗的大鼻子凹眼睛的荷兰人，哈哈！”20天后，我从法国大使馆申请了申根签证，懵擦擦地只身来到莱顿。在莱顿大学汉学系宽敞的玻璃顶中庭，我见到了传说中的柯雷。简单交谈之后，他领我参观大名鼎鼎的汉学系图书馆，在密室里我目睹了不少孤本线装书，还有荷兰外交家高罗佩捐赠的珍贵的《春宫图》。柯雷疑似有语言洁癖，对口头和书面的语言错误零容忍。初次见面，他善意地嘲笑我这个湖南人“l”和“n”不分，把“大脑”说成“大佬”。在影响焦虑的强大笼罩下，我仍然是当年的那个“丑小鸭”。次日晚，柯雷在运河旁的家中设宴招待。我见到了柯雷的前妻阿豆，她的汉语名字是朦胧诗人芒克访问莱顿时取的。聊起芒克和蝌蚪的情变悲剧，阿豆唏嘘不已。阿豆比柯雷大两岁，身材高挑，满头红发，漂亮爽朗有趣。阿豆只有高中学历，但阅人无数的她见到任何“大咖”“牛人”都不会露怯。当天，阿豆的美国朋友维克多到访，我们相谈甚欢，言谈间获悉阿豆高中毕业后去美国打工、遭受家暴的不幸往事。坚强如阿豆，从她的脸上看不出一丝一毫的沧桑和怨恨。后来的重疾、婚变和移居北京，都没有改变这个美丽硬朗的红发女子。每每说起阿豆，柯雷的眼里总有一抹温柔的爱意和敬意。

一年后，我获得了莱顿大学非西方研究院高级硕士项目全额奖学金，从丹麦南下荷兰，开启了又一段人生旅程。柯雷的严苛，我多少有耳闻。如果想跟柯导见面，必须提前预约，掐点到，准时走，一分不多一分不少。由于交给导师的第一份书面作业上赫然地写着“大马哈琼”（Sloppy Jean）的批语，以后每次约见都战战兢兢、提心吊胆，生怕出错。在柯导的“大棒子”调教下，我慢慢改变自身的随意散漫，养成“抠字眼”的习惯，对标点、排版、段落等技术细节特别在意。

2004年12月2日，我在莱顿大学学术大楼参议员室答辩。会前，柯雷把我叫到他办公室，交代答辩策略：“晓红，记住，这是你的日子。You kill them all！”我猜，他心里肯定跟我一样紧张。在他看来，带博士生就像“养猪”一样，只有把“猪”养得白白胖胖有卖相，博导们才称得上合格的饲养员。虽然就辈分而言，我之前还有两位荷兰师兄，一位是韩少功研究专家、知名翻译家林恪，一位是文子研究专家叶波，但我毕竟是正式上桌的“头啖汤”。我的博士学位论文评阅人是美国著名汉学家奚密（Michelle Yeh）、文棣（Wendy Larson）和中国社会科学院研究员周瓒。答辩委员会共有11位教授，其中有两位是出了名的“毒舌”。比较文学系的一位女教授问了我一个关于同一作家不同文体创作的问题，我直愣愣地反驳道：“请允许我重新表述一下，您的问题指向某些特定作家全部作品内部的文本间性……”听众席上一片哗然，答辩委员们面面相觑。我瞥了一眼柯雷，他的眉宇间隐隐透出得意。我顺利通过答辩，并获得“荣誉毕业”（cum laude）称号，延续了从祖师爷伊维德和导师柯雷传下来的衣钵，成为第三代荣誉博士毕业生。酒会上，柯雷第一次用荷兰人吻三下的“贴面礼”问候我这个新鲜出炉的博士，紧紧搂住我说：“博，我为你自豪。”他交给我一个文件袋，里面装着我用中文写的一封信，笔迹幼稚，语调青涩，主题有关朦胧诗。我噙着泪说：“谢谢您一路陪伴和扶持，导。”从那之后，“导”和“博”变成我们对彼此的专属称谓。

有思想的人往往无趣，有趣的人往往无型，偏偏这个自称老子的“导”有思想有趣儿还有型。光阴荏苒，时空转换，我以我导为荣。

（四）为荷兰代言还是被荷兰代言？

柯雷是最“荷兰”的荷兰人。由于汉语“说”得比“吹”（萨克斯）得好听，他自然而然变身中荷文化交往的重要代言人。生活中的柯雷处处与形式主义较劲，学术中的柯雷却是一个极致的形式主义者，且对诗歌形式有着异常的敏锐和喜爱。

印象中，柯雷第一次穿西装，是为了接待王蒙。2003年，王蒙参加女儿在海牙的毕业典礼，应邀顺访莱顿。那是一次高规格的学术活动，在莱顿大学最气派的阶梯学术报告厅进行，主持人柯雷身穿黑色礼服上台，言行举止似乎全被“装”进西装，少了平日的洒脱自如。多年后，柯雷告诉我，那身西装现在太大了，注定成了“压箱服”。

2014 年 3 月 27 日，柯雷代表莱顿大学参加荷兰国王威廉-亚历山大（Willem-Alexander Claus George Ferdinand）专设的国宴。那之前半个月，柯雷接到神秘来电，神秘人一板一眼地说：“我是国王办公室秘书，请问您是荷兰莱顿大学区域研究所所长柯雷先生吗？国王陛下和王后殿下邀请您出席国宴。”“哦，那我得查查日程表，过几天再回复，好吗？”柯雷有着荷兰人离经叛道的反权威情结，所以必须得端着，哪怕是短暂的。憋了好几天，他终于拿起电话致电国王办公室，接受了邀请。国宴当天，海牙国王府外面戒备森严，里面灯火辉煌，镶金的家私陈设贵气十足，“燕尾服”和“宫廷裙”穿梭在人群中。工作人员像赶牛一样把 250 名嘉宾赶到一个角落里，没有酒没有饮料，只有空空的等待。等了十几分钟，终于有工作人员端来香槟。环顾四周，柯雷看见了阿贾克斯足球门将范德萨（Edwin van dar Sar）和几个电影明星。想入非非之际，忽然听到有人传唤：“下一个，莱顿大学汉学教授柯雷！”国王秘书引导柯雷穿过人群来到亚历山大国王面前。柯雷向国王行礼，国王转头对身边的中国国家主席表示，荷兰至少有个叫柯雷的教授懂得阁下的语言和文化。柯雷很绅士地向中国国家主席和其夫人问安，用标准的京片子讲述了中荷文化交流史，以及从 1876 年设立第一个汉学教授席位以来荷兰汉学的发展历程。

柯雷跟不少中国国家领导人有过或深或浅的交集，给他留下最深刻印象的是刘延东。2015 年 9 月，国务院副总理刘延东造访欧盟总部，专门安排了一次欧洲汉学家见面会。中国驻荷兰大使馆通知柯雷代表荷兰汉学家参会。见面会安排在布鲁塞尔的一家中餐馆，来自德国、英国、法国、意大利、保加利亚、匈牙利、捷克、荷兰、比利时等国的12名汉学家围着一张长桌依次入座。柯雷记得，随行的公职人员中有时任教育部部长袁贵仁和文化部部长雒树刚。每名汉学家有五分钟时间，按年龄资历轮流发言。轮到柯雷了，他一开口就说，荷兰汉学的缘起并非因为荷兰人对唐诗宋词的喜好，而是为了东印度公司殖民者更好地管理和控制印尼华人。这种殖民主义动机深深植根于旧式区域研究，带有欧洲人的傲慢与偏见。他认为，汉学家应该勇敢地抛弃殖民主义思想遗产，与时俱进，以全球视野和世界情怀建构一种社会科学、人文科学和区域研究协同的新型汉学。刘延东边听边做笔记，不时会心一笑。所有与会学者发言后，副总理做了20分钟的点评，字字珠玑，亲切有力。

柯雷到底是为荷兰代言还是被荷兰代言，曾是萦绕在我心头的一团疑云。经年后，云开雾散。我终于明白了，柯雷还是那个柯雷，他无意成为什么、代表什么或象征什么，他过去、现在和将来都是那个在路上的旅行者和游吟歌手，真理就是他前方的路标，诗歌就是他心里的竖琴。

六

柯雷的中国当代诗歌史研究

最早在 1767 年，欧洲就出现了《好逑传》的荷兰语译本。至 1829 年，《玉娇梨》通过法语版转译成荷兰语，在荷兰一个名叫莱顿的小镇出版。[①] 这座小镇在 1575 年（中国明朝万历三年）就建立了自己的大学——莱顿大学，它是欧洲历史最悠久的大学之一，在欧洲学术界享有崇高的声望及地位。近两个世纪以来，莱顿大学一直是整个欧洲最为重要的汉学研究中心之一。

2009 年柯雷任莱顿大学汉学系主任。从 20 世纪 80 年代末以来，他一直致力于中国当代诗歌的研究和翻译工作，不论中国政治、经济和文化氛围如何变化，始终不改自己的“诗歌情结”。他的学术成就集中体现在两部学术著作当中：1996 年出版的《粉碎的语言：中国当代诗歌与多多》（*Language Shattered: Contemporary Chinese Poetry and Duoduo*，以下简称《粉碎的语言》），[②] 以及 2008 年出版的《精神与金钱时代的中国诗歌——从 1980 年

① 中荷之间文学作品的翻译情况可从香港中文大学翻译研究中心与莱顿大学文学院及汉学院合办的数据库“Verre Taal-Chinese Literature in Dutch Translation”中查询到，网址为 http://unileiden. net/verretaal/Default. aspx。

② Maghiel van Crevel, *Language Shattere: Contemporary Chinese Poetry and Duoduo*, CNWS, 1996. 柯雷以“Language Shattered”为题应该是受到多多的诗作《北方的声音》中的一处诗句的启发，本书对此诗有论述。

代到21世纪初》(*Chinese Poetry in Times of Mind, Mayhem and Money*，以下简称《中国诗歌》)。[①] 两部著作相隔12年，基本上涵盖了中国当代诗歌的发展脉络，尤其是地下诗歌和先锋诗歌的坎坷命运和兴衰荣辱。在时间跨度上，两书反映出一种承前启后的历史连续性，但在材料、方法和体例上却发生了相当大的变化。这些变化体现了柯雷12年来对中国诗歌的持续观察、体会和思考。在此期间，他比以往更加积极、主动地走进中国人的诗歌世界，亲历各种各样的诗歌事件：诗歌朗诵会、图书出版、高校演讲……他本身已经成为中国新诗发展的一部分。

对于柯雷来说，任何学术研究都建立在扎实坚固的材料基础之上。出于这种考虑，他很早就开始收集自20世纪50年代以来的所有与中国新诗有关的各种文献资料，包括正式和非正式出版物、手稿、采访、影像、音频记录和信函等。[②] 这些资料构成过去几十年中国先锋诗歌的文本语境。正是凭借着丰富而翔实的材料，他为我们再现了中国文学史上的重大转变。在他看来，这些转变最终促使中国当代文学进入后来的繁盛期。

在体例上，《粉碎的语言》最大的特色是由两大部分构成。

---

① Maghiel van Crevel, *Chinese Poetry in Times of Mind, Mayhem and Money*, Brill, 2008. "mayhem"一词既可表示"蓄意的破坏""故意的伤害"，也可表示"大混乱"，具体所指须视上下文而定。

② 莱顿大学本身就拥有整个欧洲最大的中文图书馆，实际上，柯雷很早就开始收集自20世纪50年代以来的文献资料，收集的范围包括中国当代诗作及诗评的各种资料，如诗人合集、专著、刊物，它们既有正式出版的，也有非正式出版的，还包括各种朗诵录音、采访记录、照片等材料，这些资料数量非常庞大且都已经进行了电子归档——"Digital Archive for Chinese Studies"(DACHS)，相关情况可以从莱顿大学汉学研究院网站(http://leiden.dachs-archive.org/index.html)上获得，同时，柯雷还为俄亥俄州立大学的著名汉学杂志《中国现代文学与文化》(*Modern Chinese Literature and Culture*, MCLC)的数据库(MCLC Resource Center, http://mclc.osu.edu/)撰写与中国先锋诗歌有关的极为详细的著作目录、注解书目以及学术性和批评性的参考书目，为中国先锋诗歌的资料整理做出了非常大的贡献。

在第一部分，柯雷首先细致地考察了20世纪50年代到80年代中期中华人民共和国的历史和文化背景，然后简要地回顾了五六十年代正统文学的发展、六七十年代“地下诗歌”运动，而1979年之后的先锋诗歌和非官方诗歌活动以及出版情况是他关注的重点。

柯雷在整本书中用了近一半的篇幅来研究多多早期的诗歌及其出国后的诗歌创作。这种关注度，或许是因为多多在一个特殊的历史时刻进入西方媒体的视野，随后他的诗歌作品被大量引进欧洲，而且多多本人又在莱顿临时安家立业。虽然时刻不忘历史语境，但柯雷最关心的还是多多的文本。他基本上采用一种“新批评”方法，即“细读”法来分析多多的作品。他对多多两个创作时期的代表作，即1972—1982年的前期创作和1983—1994年的后期创作，进行了透彻的解读，并修改了诸多英文误译。柯雷对多多的个案研究，极大地丰富和充实了第一部分关于当代诗歌文本和语境的诸多论述。柯雷创作《粉碎的语言》最为重要的目的就是消解“政治化”阅读的效力，抵制无处不在的政治关注，以审美标准来制衡政治标准。柯雷的“去政治化”阅读至少在两个维度上展开：首先，避免把中国先锋诗歌简单地理解成对意识形态的反动；其次，坚决反对西方汉学家和普通读者的政治立场和评判标准。在西方，中国地下诗歌和先锋诗歌的创作通常被认为是出于自由主义的动机。柯雷认为，上述两种社会的政治批评法一旦成为顽固的成规，就会导致对文本本身价值置若罔闻。

诚然，中国当代文学无疑已经遭到各种读者的“绑架”。首先，中国读者无法不去理会历史，因为它已经深深地影响了中国当代文学创作和批评；其次，一些文学作品或诗歌被译介到西方后，又被视为中国诗人抛给西方读者的政治“绣球”。在西方读者（尤其是学者）看来，这些诗作最重要的特质是其“政治性”和“中国性”，[①] 忽略了这两方面就无法阅读和理解中国诗歌。这种观念在西方读者心目中根深蒂固，中国先锋诗歌所具有的“普遍性”和“世界性”因素反而因此遭到刻意的忽视和遗忘。反对这种忽视和遗忘，正是柯雷整个研究的出发点。诗歌本身是社会语境中多种因素的混合产物。因此，柯雷对多多诗歌所做的“去政治化”或“去中国化”努力，在理论层面和实践层面上既生动有趣又复杂微妙。

爱尔兰诗人谢默斯·希尼（Seamus Heaney）曾经赞赏美国诗人华莱士·史蒂文斯（Wallace Stevens）的说法：诗歌的可贵在于它“是一种内在的暴力，为我们防御外在的暴力”，希尼认为这是想象力在抵制现实的压力。[②] 诗歌不是一种实用艺术，诗人也不是实际意义上的行动者，但他也不是生活的纯粹旁观者，他唯一的工具是语言，他的爱和恨只能通过语言加以表达。诗歌的力量从内而外地发散出来，任何结论先行的外在标准都无助于我们对诗歌的理解。柯雷通过细致而有趣的文本分析来邀请读者最大限度地把注意力聚焦到诗歌语言上来。他认为，多多的诗歌从一开始就以一种特殊的品质出现在世人面前，这种品质无法完全用“政治的”或“中国的”概念加以定义。诗人翻译家黄灿然对多多极为推崇。他如此评价多多：

> 他从一开始就直取诗歌的核心。诗歌的核心之一，是诗人与语言……多多的意义就在于，他忠于他与诗歌之间

---

① 关于柯雷对多多早期（1972—1982）诗歌的研究，可参见柯雷《多多的早期诗歌》，谷力译，《诗探索》1999 年第 2 辑；柯雷对“政治性”和“中国性”的理解和定义以及这些概念与多多诗歌的联系，可参见此文的第 176 页。

② 谢默斯·希尼：《诗歌的纠正》，黄灿然译，《外国文艺》1996 年第 5 期。

那个最初的契约，直取并牢牢抓住诗歌的核心。[1]

想必上述观点一定能够得到柯雷的认同。他指出，读者有些时候对多多的诗歌进行政治化解读，实际上减损了这些诗作在语言上的独创性，因为一些诗句其实与“政治”和“中国”等主题毫无瓜葛，它们只能作为诗歌文本而存在并获得意义。同时，他也不赞成一些批评话语“神化”某些诗作的做法，主张把自己当作一个“纯粹”读者，用诗歌的眼光去阅读诗歌，用诗歌的标准去衡量诗歌的品质。柯雷在分析大量文本后指出，多多对诗歌语言情有独钟，他的不少诗作由此获得一种“元诗”品质。比如，多多如此思考着诗歌创作对诗人的影响以及诗歌语言的创造性：

诗人抽搐着，产下
甲虫般无人知晓的感觉

以及：

披着月光，我被拥为脆弱的帝王
听凭蜂群般的句子涌来
在我青春的躯体上推敲
它们挖掘着我，思考着我
它们让我一事无成。[2]

---

① 黄灿然：《多多：直取诗歌的核心》，《天涯》1998 年第 6 期。

② 本书所采用的多多的诗歌文本，如果不另加说明，均引自《多多诗选》，花城出版社，2005。

多多一般不谈论自己的诗歌，那么他所创作的“元诗”（关于诗歌的诗）对于理解他的诗学观念就具有重大意义。柯雷在剥茧抽丝地阅读之后得出一个结论：多多在1984年之后开始一种有意识的转变，敏锐地洞见了语言的界限性（limitations of language）以及诗人创作中的痛苦矛盾（painful contradiction）。[①]从第234页至第255页，《粉碎的语言》讨论的正是这个问题，其小标题就是“语言的界限”。例如，“要是语言的制作来自厨房/内心就是卧室。……”（《语言的制作来自厨房》，1984）。语言与内心形成对照，至少它们属于不同领域：“……/你，正被马注视着/”以及“手下，纸上，有这样一个处境：/寻找人以外的。”（《静默》，1992）马在这里象征着自然，而诗歌显然代表着语言，是人类的一种手段，在自然的注视下，诗人只能保持缄默，诗歌创作于是成了一种痛苦、孤独的语言操作方式，因为它无法抵达自然。柯雷认为，多多在《北方的声音》（1985）一诗中表达了对语言局限性的哲学思考：

没有脚也没有脚步声的大地
也隆隆走动起来了
一切语言
都将被无言的声音粉碎！[②]

在此，大地即为自然，语言则来自人类。宛如战争一般，语言被击得粉碎，自然战胜了人类。语言尽管有着驱动其他事物的

① Mabel Lee, “Review: [Untitled],” *The China Journal*, No. 37 (Jan., 1997), pp. 177-178.

② Maghiel van Crevel, *Language Shattered: Contemporary Chinese Poetry and Duoduo*, pp. 249-250.

神奇力量，但对于诗歌来说，创作其实正是一个死亡的过程。“语言开始，而生命离去”（《北方的夜晚》，1985）；“每一个字，是一只撞碎头的鸟/大海，从一只跌破的瓦罐中继续溢出……”（《只允许》，1992）。多多对人类语言创造性和局限性的思考，与世界级诗人有着相同的出发点。多多很早就开始了这种在语言和思想上的实验与探索，而且非常成功。

多多的诗歌语言，在同为诗人的王家新看来，“暴烈、沉痛而又怪异，体现出一种独特的、不断深化的生命意识，而且其语言往往具有出其不意、直抵人心的撞击力”。[①] 著名诗评家唐晓渡把多多称为一个“气力绝大”的诗人。[②]

因此，柯雷认为，“多多的全部创作显示了一种按时间顺序、背离政治性与中国性的发展”，“他这十年来的诗与其说是关于中国人的境遇，不如说是关于人的境遇；矛盾的是，他的诗是如此个人化以至于获得了普遍性”，多多的诗因而验证了中国文学在政治领域之外复活的可能性：他的诗并不限于利大英（Gregory Lee）所谓的“中国现实的复杂反映”，并且也肯定不是“骨子里的中国性”。[③] 王家新认为，柯雷在中国诗歌研究领域，尤其是多多诗歌研究方面做了大量开拓性工作，“对于消解那种对中国文学的政治化阐释及‘阅读期待’无疑具有意义，对于促进中国诗歌不是作为政治的窗口而是作为诗歌本身进入‘国际视野’也肯定有着它的积极作用”。但是，他并不完全赞

---

① 可参见王家新对多多的《阿姆斯特丹的河流》一书的评论，《中华读书报》2002 年 6 月 26 日，也可见《当代作家评论》2002 年第 5 期。

② 唐晓渡：《多多：是诗行，就得再次炸开水坝》，《当代作家评论》2004 年第 6 期。

③ Maghiel van Crevel, *Language Shattered: Contemporary Chinese Poetry and Duoduo*, pp. 121-146. 此处汉语翻译转引自王家新《阐释之外——中国当代诗学的一种话语分析》，《文学评论》1997 年第 2 期。

同柯雷对多多所做出的结论性判断，“因为它会造成这样一种印象，似乎背离中国性与政治性是获得某种‘普遍性’的前提，而这在理论上和实际上都有待商榷”。[①] 中外学者之间的这种互动与交流，无疑推动了中国先锋诗歌研究的国际化。

柯雷的文本和注释，以及书后详细的参考书目、索引、中文名字词汇表和术语表，将使未来的研究者，尤其是西方的学者受益无穷。[②] 当然，批评之声在所难免。譬如，杨小滨认为，柯雷试图展示的中国实验诗歌发展全景图仍然停留在一种描述性层面上，并没有为我们对文学事件的政治—文化复杂性和诗歌作品的美学复杂性提供太多深刻的理解。再比如，他对食指的分析中肯到位，但忽略了朦胧诗的另一个先驱——根子，因为根子正是让多多产生“影响的焦虑”的强者诗人。同时，柯雷坚持文本“细读”法，在一定程度上反而使他自己的阅读失去聚焦。多多的诗歌观念和实践又经常是解构性的（在修辞意义和政治意义上莫不如此），可柯雷在解读他的诗歌时并没有借助解构主义分析策略来提升文本阐释的力度。因此，这两方面因素使得柯雷的理论框架受到损害。[③] 柯雷的《中国诗歌》是他的最新研究成果，在某种意义上可以说是对上述种种批评的一次正式回应。

从 20 世纪 90 年代起至今，这一时代的状况或许可以用颜峻在《燃烧的噪音》中的一段话加以形容：

---

① 王家新：《阐释之外——中国当代诗学的一种话语分析》，《文学评论》1997 年第 2 期。

② John Cayley, “Review: [Untitled],” *The China Quarterly*, No. 149 (March, 1997), pp. 220-221.

③ Yang Xiaobin, “Review: [Untitled],” *The Journal of Asian Studies*, Vol. 56, No. 3 (August, 1997), p. 761.

> 中国在变化，青年在老去，市场在蔓延，狂想、誓言、诗歌甚至自杀的冲动都被积攒起来的财产压到了箱底，记忆像初恋一样在资讯的浪花里融化，塑料和废塑料旋转着……①

现如今，先锋诗歌的语境大大有别于20世纪70年代和80年代，那时的先锋（“非官方”或“实验”）诗歌在美学上的重要特点是其在艺术上的独创性以及观念上的对抗性。然而，90年代以降，文化产业化过程中的市场理性不但把文化推向资本市场，也改变了与这种美学原则相连的整体文化氛围。用杨小滨的话来说，“九十年代的诗坛景观呈现了一种离心的状态，这同八十年代的向心状态正好形成对比”。②

从20世纪80年代末以来，柯雷长期致力于中国当代诗歌的研究和翻译。从20世纪80年代末以来，他以汉学家的身份走进中国人的诗歌世界，亲历各种各样的诗歌事件：诗歌朗诵会、图书出版、高校演讲、诗剧场。他本身已经成为中国新诗发展的一部分。2008年，由国际权威的学术出版社Brill出版的《中国诗歌》被国际汉学家誉为研究中国当代诗歌的里程碑式大书。虽然自20世纪80年代到21世纪初的中国当代诗歌这一段历史并不长，但想要深入而清晰地描述，却并不容易。由于种种原因，置身其中的中国学者面对研究对象时难免受到局限或遇到障碍。汉学家柯雷写作这本书的优势在于，他能够抽身事外，将这一段诗歌史放在国际化的视野中做宏观观察，又经常以“田野调查”的热情置身其中，对文本及语境做细部分析。柯雷

---

① 颜峻：《燃烧的噪音》，江苏人民出版社，2004，第174页。

② 杨小滨：《异域诗话》，《倾向》1996年秋季刊。

全部的研究都是围绕以下问题展开的：何谓中国先锋诗歌？先锋诗歌在中国当代诗歌史占有什么样的位置，又发生了什么样的历史嬗变？它包含什么样的美学主张和诗歌实践？它所涵盖的政治/地理空间又当如何？他在《中国诗歌》中所关注的很多问题，就是对中国当代诗歌生活的体察、思考和追问。英文书名是作者用来处理当代先锋诗歌史的一个叙事框架，呈现了20世纪八九十年代中国社会的重要时代特征。

该书的写作，交织着纵横两条线索。“精神”与“金钱”为纵，作者以这两个词语概括了这一历史时段的社会变迁及诗坛整体面貌，并由此揭示个体诗人在这一变迁中面临的困境及各自的解决路径。横的线索主要体现在对个体诗人及作品的具体分析上。在这一方面，作者以文本、语境、元文本为切入点，探讨中国当代诗人内心世界，新诗的语词、音韵、符码，诗歌活动形式、诗人生存样态等方面的变化及表现。在这种纵横参照中，作者清晰准确地勾勒出了韩东、海子、西川、于坚、王家新、北岛、孙文波、尹丽川、沈浩波等多位当代重要诗人的写作及身份脉络。该书整体框架明晰、内容丰富。全书共设十三章，第一章是导读性极强、覆盖面广的导言，其余十二章全部为“个案研究”，大体上按时间顺序排列，涉及十一位诗人及其代表作，从海子、北岛到尹丽川、颜峻，囊括过去20年间中国诗坛最具影响力和个性的诗歌声音。全书围绕“文本、语境和元文本”即“诗歌”、“诗歌的社会—政治语境和文化语境”和“批评性话语”三个轴心概念展开研究。每一个独立的章节里都包含作者对诗歌和关于诗歌的话语（元文本）所做的聚焦式论述，是对中国先锋诗歌发展所做的一次及时而深刻的综合性考察。

与很多中国学者不同，柯雷的写作有明显的“田野调查”

特征，或者说“诗歌江湖”气息。这体现在他对各种类型的诗人和作品都不轻下价值判断上，因此，他有冷静宏阔的视野和质朴诚恳的研究态度，对中国当代总体诗歌图景及诗人个体精神境遇的刻画分析入木三分。这是中国同一研究领域的学者很难做到的。该书把文本的精细分析与一种活泼文风结合起来，从诗歌韵律和诗歌结构到各种诗歌活动（如主题式诗朗诵、诗歌宣言、视觉展示、诗歌摇滚音乐会），再到批评界此起彼伏的唇枪舌剑、国内媒体的跟风炒作，洋洋洒洒，蔚为大观，浓缩成一部500多页的英文著作。伦敦大学亚非学院贺麦晓教授认为，柯雷一丝不苟地收集和使用文献资料，对众多诗人和作品进行不偏不倚的研究，在专业术语上坚持统一的做法，以及诸多原创性观点，充分展现了一个顶级汉学家的雄心、功底和实力。

柯雷认为，中国先锋诗歌从“精神”经由“混乱”进入“金钱”时代。在这种情况下，先锋诗歌内部开始出现严重的分野，即“崇高”和“世俗”的对峙，最后演变成“知识分子”与“民间”两大阵营的“盘峰论争”。“崇高”和“世俗”既代表两种诗人身份和写作立场，又体现为两种大相径庭的美学取向。“崇高”和“世俗”这种美学上的分歧，被用于标示两大对阵叫板的诗歌流派，是因为中国诗人和批评家倾向于通过对立的概念来理解诗歌的意义，如崇高对平凡、神圣对现实、西化对本土以及知识分子对民间等等。柯雷认为，这两大阵营表面上针锋相对、唇枪舌剑，实际上却又在“金钱”时代与市场、新媒体和大众文化发生着或隐或显的合谋。这样一来，诗人、诗歌的形象和地位都开始发生巨大的改变。知名度、点击率和可见度成为评判诗人地位高低和成就大小的重要标准。图像、表演、视频等表现形式，越来越挤压书写文字的空间和地位，甚至出现取而代之的趋势。这势必要求诗歌读者和研究者适应和接受新的阅读方式，并能用新的话语方式来描述和界定新型的先锋诗歌。根据江克平（John A. Crespi）的观察，柯雷从中国先锋诗歌领域里挖掘出来的另一个主要概念范畴是“诗人性”或“诗人身份”（poethood）。这实际上是柯雷试图跨越“崇高”和“世俗”之间的人为分裂，把中国先锋诗歌纳入一个统一的批评框架之中加以考察的尝试。但在江克平看来，这种概念的引入中断了先锋诗歌从初期到现在的历史传承。从一些朦胧诗人经典化的、简洁的格言警句①，到20世纪、21世纪之交的激烈争论，再到打着“下半身”招牌的“愤青们”口无遮拦式的叛逆，中国先锋诗歌内部的分分合合和曲曲弯弯，是“诗人性”这一概念所无法涵盖的。②

对于今天的很多读者来说，阅读传统诗歌更能带来审美意义上的满足感，基于古典诗歌的阅读期待使得他们与当代先锋诗歌之间产生了巨大的隔阂；在文化意义上，先锋诗歌既无法像古典诗歌那样成为建构文化中国的精神内核，也无法像特殊历史时期那样激起革命热情。先锋诗歌，与其他严肃文学一道，不得不为争取自身的合法性和认同而抗争。根据时下流行的看法，当代诗歌要么已经完全被边缘化，要么正深陷危机当中，因为诗歌几乎没有什么经济利益可言，而且独立于市场规则。先锋诗歌的边缘位置，确实存在，但柯雷在对诗歌出版及发表情况进行认真的调查之后，反而声称中国当代诗歌正处于欣欣向荣的时期，出现了中国当代文学史上空前的繁荣，而且还非

---

① 以顾城为代表，他的《一代人》《她》《感觉》《弧线》《雨行》等都是经典的简洁之作，最为简洁的要算北岛的《生活》了，只有一个“网”字，堪称绝响。

② John A. Crespi, Henry R. Luce, “Mind, Mayhem and Money,” *The Newsletter*, No. 50 (Spring, 2009), p. 33.

常好地适应了新技术的发展以及五花八门的传播方式。诗歌开始利用自身的优势，慢慢地与新的大众媒体建立起良好的关系。更具重要意义的是，越来越多的先锋诗歌通过互联网得到发表。[①] 在数字化时代技术赋能的条件下，先锋诗歌的表现方式也变得多样化，新的媒介以及新的读者群开始出现。视觉化是伴随着网络以及印刷技术发展而愈演愈烈的一种潮流或趋势，于是，一些诗人也开始通过各种新的视觉手段和媒介来塑造自我形象，包括诗集中插入的照片、手稿影印件以及经过加工的数码相片甚至于诗人照片展等等。柯雷认为，诗人们之所以热衷此道，“部分原因是对诗人作为整体脱离社会中心舞台的一种反应，也有部分原因是对文化大趋势，即视觉化的一种反应”。[②]

在这种情况下，整个中国诗歌界，诗人、诗歌的形象和地位都开始发生巨大的改变。现在，评价一位诗人的标准是他（或她）的知名度和可见度；而且，诗歌创作过去被看作一种语言的处理或制作，但语言现已越来越不能被严格地限定为书写文字（the written word）了。图像（如诗人照片、笔迹影印件等）、公开演出以及视频，不再仅仅充当辅助手段，其重要性日益与书写文字比肩，甚至于出现“喧宾夺主”的趋势。这种强调写作物质性的诗歌实践，看上去已经超越诗歌既定的体裁限制，也就是说我们已经无法用一种传统的或合适的方式来定义新型的诗歌，它们进入了新的媒介文化领域，而这个领域正日

① Michel Hockx and Julia Straus, “Introduction,” *The China Quarterly*, Cambridge University Press, 2005, pp. 524–528.

② Maghiel van Crevel, *Chinese Poetry in Times of Mind, Mayhem and Money*, p. 46.

益受到快速发展的互联网的影响。[①] 现有的陈旧的诗歌分类也到了亟须修正的时候，僵硬分类无法限制杰出诗人的创作，正如诗人杨炼所言，“真正的诗人对任何分类法发自内心地不信任”[②]，反而会遮蔽读者和评论家自己的双眼。

柯雷在这部著作中用了相当大的篇幅指出，中国当代诗歌研究中存在着一种明显的不足，即对形式的偏见或忽视。同时，他也精彩地向中国同行们示范、演练了自己偏重文本形式的批评方法。他反对存在于目前批评话语中的“内容偏见”，即只注重内容而忽视形式作用的研究方法，因为诗歌是最不可意译的语言形式，不可把诗歌当作记录性文字来研究，诗歌的阅读效果除了受其所表达内容的影响之外，在很大程度上也是由诗歌的形式特点，如韵律、节奏、语调、分行、空格、文字的空间排列、诗歌的整体构型等诗人有意为之的形式来决定的。这种对语言形式的关注在西方学者，或者说海外学者研究中国文学文本的过程中十分明显。在赵毅衡（Henry Zhao）看来，注重内容还是形式是区别不同阅读方法的一个标准。

柯雷不再像过去那样单纯地为先锋诗歌“去政治化”的阅读而呐喊。他提醒读者，不要对先锋诗歌做简单化的理解。当批评家甚至诗人自己把政治语境、直线发展的叙述手法、传记主义或各种潮流和阵营式标签，置于对诗歌内在复杂性的探索之上时，有太多的东西在这种简单化处理中遭到遗忘、曲解和

---

① 关于中国网络文学，尤其是网络诗歌的发展，可参见伦敦大学贺麦晓的研究成果：Michel Hockx and Julia Strauss（eds.），“Culture in the Contemporary PRC，” *The China Quarterly*，New Series，No. 6.，Cambridge University Press，2005；同时参阅 Michel Hockx，“Links with the Past：Mainland China's Online Literary Communities and Their Antecedents，” *Journal of Contemporary China*，Vol. 13（2004），pp. 105-127。

② 杨炼：《什么是诗歌精神》，《读书》2009 年第 3 期。

遮蔽。柯雷指出，在中国诗坛，不但现在的读者或学者缺乏“细读”（close reading）的耐心和训练，即使是诗人也同样非常缺乏“细写”（close writing）的实践，换言之，现在的诗歌作品当中经得起持久而精细阐释和推敲的实在少而又少。由于文本性和审美性息息相关、不可分割，“细写”的匮乏导致文本性的缺损，而“细读”的匮乏则制造了审美的屏障，因此，柯雷呼吁从写作者角度出发的“细写”和从读者角度出发的“细读”。一方面，诗人应该沉下心思考，以一种什么样的方式、发出一种什么样的声音，才能生产出丰富、细腻、耐人寻味的文本。另一方面，当今中国诗坛面临的最大挑战是对读者群的培养，诗歌接受是由个体的读者来承担和完成的，众口一词、千篇一律的阅读和接受意味着读者的失责和失察。只有细致地关注诗歌的形式和内容，才能在众声喧哗中分辨出每一位诗人独特的声音。如果没有细致入微的读者，只有诗人自说自话，就很难确立有信度的审美标准。我们需要和诗歌既保持亲近又保持疏离的读者，持批判立场的、有经验的、有眼光的读者，标准的确立和读者的培养必须双管齐下，才有可能把诗歌带出“危机论”和“边缘论”的话语圈套。这种对文本一如既往的关注，体现了柯雷对诗歌艺术的尊重、对审美标准的坚持及其对个体诗学和群体诗学等问题的兴趣。

在具体的论述中，柯雷把展示诗歌丰富而生动的肌理、诗人的个性以及与先锋诗歌有关的种种争论作为重点加以突出。比如，在分析海子时，柯雷认为，读者只有超越他的自杀所带来的影响，才能在最大限度上理解他激情澎湃、充满理想主义的诗歌；他还将于坚和西川的诗歌进行比较，前者是“民间写作”的旗手，而后者则被推为“知识分子写作”的杰出代表。从第九章开始，作者的注意力从诗歌本身转移到关于诗歌批评的元话语上，并检视了一种自觉的诗歌运动，即在2000年前后冒出来的、挑衅传统的“下半身”诗歌；在最后一章中，柯雷推出了不太为人所知的北京诗人颜峻。在柯雷看来，同时兼为音乐家、批评家和诗人的颜峻开辟了一条探索诗歌、音乐与其他艺术形式如何相互结合的道路。柯雷借此探讨诗歌表达与“媒介表现”（media performance）这两个不同领域之间的联系或结合，这似乎暗示着一种转变，即诗歌从以前只专注于文本的内在品质，转向现在努力打开自身并融入这个世界。柯雷本人特别热爱音乐，在这一点上他对以颜峻为代表的新生代诗歌的理解显然不同于普通中国读者。他认为，我们有理由相信，颜峻会给中国诗歌界和中国读者带来更多的惊喜。就内容而言，除了尹丽川之外，其他女性诗人显然受到冷遇。[①] 用蓝诗玲（Julia Lovell）的话来说，女性诗人处于“边缘文类的边缘位”。[②]

《中国诗歌》一书对学术界来说有着“开创性的贡献”，它把文本的精细分析与一种活泼的风格结合在一起。[③] 作家和作品的研究包括20世纪80年代以来中国先锋诗歌运动中最知名的弄潮儿，从探讨诗歌韵律、语言的精妙之处，到各种诗歌活动，如主题式诗歌朗诵、愤世嫉俗的宣言、五花八门的视觉展示、诗歌摇滚会，再到批评界此起彼落的唇枪舌剑、国内媒体的跟风炒作，等等，所有这些都囊括在一部500多页的英文著作中。这堪称一部雄心之作。美国圣母大学汉学教授贺麦晓认为，这

---

① 对中国当代女性诗人的系统研究，可参见张晓红的博士学位论文“The Invention of a Discourse：Women's Poetry from Contemporary China，” Ph. D. Thesis，CNWS，2004；及其中文专著《互文视野中的女性诗歌》，广西师范大学出版社，2008；其论文《女性诗歌批评话语的重建》，《当代文坛》2009年第1期。

② Julia Lovell，*The Politics of Cultural Capital: China's Quest for a Nobel Prize in Literature*，Hawai'i UP，2006，Ch. 1.

③ *IIAS Newsletter*，No. 49（Autumn，2008），p. 27.

部专著完全证明了柯雷是海外研究中国当代诗歌的顶级专家。他一丝不苟地收集文献资料，对范围广泛的诗人和诗歌作品进行不偏不倚的研究，在专业术语上坚持统一的做法以及理论上的诸多原创性，所有这些因素结合起来使其学术水准远胜于这一研究领域内任何已有的成果![①] 可以说，对过去 20 年来中国先锋诗歌的研究在近几年已经取得一些成果。但是，就个人学术著作而言，尚无能在深度、广度上与柯雷新著——《中国诗歌》相媲美的研究成果。[②]

历史发展到今天，60 年弹指一挥间，它已经为我们这一代人沉淀下很多东西，或许重新讨论“重写诗歌史”的时机已到。笔者认为，除了“要在更加准确、严格和更加广阔的‘中国’视野下将海峡两岸的诗歌历史进行充分和有机的整合”之外[③]，为揭示历史图景的深远和细微，国际性视野和方法的引入也是必不可少的。以柯雷、奚密和贺麦晓、蓝诗玲等为代表的海外汉学家对中国当代诗歌的研究，为我们观察和思考当代先锋诗歌打开了另一扇窗户。

---

① Michel Hockx, *Forthcoming* (Fpubs 08.05), in www.brill.nl, Brill, 2008, p.5.

② John A. Crespi, Henry R. Luce, "Mind, Mayhem and Money," *The Newsletter*, No. 50 (Spring, 2009).

③ 何言宏：《“重写诗歌史”！——诗歌研究与诗歌批评》，《当代作家评论》2009 年第 2 期。

对话：访谈与译文

七

文学通则面面观

中国先锋派诗歌实践里有多少标签就有多少限制，打破限制、无视标签需要勇气和智识。李森就是这样一个有勇气的孤独旅者：从 90 年代初期加盟“他们”，他在路上苦苦地追求、寻觅那洁白如雪峰而又云山雾罩的文学的本真，就像他所热爱的凡·高执着地追逐燃烧的太阳一般。写诗也好，写散文也好，写寓言也好，李森坚守自己的诗学立场，那就是以文本为诗性诞生的本源，在形而上和形而下之间建立平衡关系，构造形而上和形而下相互融通的叙述场。李森的诗为我打开一扇指向自在诗歌王国的窗口，在那里我看见阳光、星星、山岗、花草、昆虫、猫头鹰和沉思冥想的诗人。他的诗是现代的，又是古典的；是智性的，又是抒情的。李森不仅搞创作，他也是一个颇有洞见的批评家。他坚信任何有价值的欣赏或阅读，都是一种创造。他的评论既有逻辑表达的清晰度，又是优美、流动的散文。用散文的形式观照作品，李森突破了创作与批评之间的界限。

（谈话时间：2003 年 11 月 22 日下午，云南大理）

李森把《二十世纪文学理论》中译本摆放在小圆桌上，打开话匣子，首先表达对佛老思想深度和理论功力的敬仰，然后带着诗人学者惯有的敏锐和深刻连连发问。佛克马阅读中文书籍的速度较慢，但态度极其认真，毫无敷衍之意。李森和佛老时而翻动书页，时而相视一笑，一问一答，张弛有度。张晓红依然在学术思想碰撞和双语表达的现场扮演着“翻译”和“对话嘉宾”的双重角色。

李森：

我想请教佛克马教授一个问题。您在《二十世纪文学理论》一书中提到，我们虽然不能寻找一切有关文学研究的总规律，但是我们能够发现，文学是由一些具有普遍性的关系所决定的，如创新与传统、形式与意义等。佛老试图把文学研究变成一种抽象的、超历史的形式，并在此基础上探索文学的通则。佛老这种建构文学理论体系的抱负令人崇敬，经过几十年的文学研究，不知佛老有没有找到或洞见这种探求文学通则的理论模式？

佛克马：

我想解释一下，我在书中回顾了 20 世纪某些流派的重要理论。书中第一章介绍了俄国形式主义和符号学，有一章专门介绍接受美学，还有的章节介绍我本人不太喜欢的文学理论，如法国结构主义和马克思主义文学理论。我们在前言中做了声明，我们所提供的只是某种蓝本，任何读者都可以按个人意愿和喜好进行自由选择。回头来看，我承认，我过去很看重俄国形式主义、捷克结构主义、符号学和接受美学。我认为，早些时候的理论发展和演变为接受美学的出现奠定了基础。接受美学为区分读者和研究者的作用提供了新的可能性，并使我们有可能在此基础上开展研究。如果说早期的接受美学学者，如汉斯・罗伯特・姚斯在这个问题上的态度模棱两可，后来的学者对读者和研究者的作用进行了明确区分。接受美学后期发展的突出贡献在于，它为研究者调查研究其他人和其他读者的文学反应提供了理论依据。后期的接受美学从根本意义上区分了两个接受群体：一是个人读者和文学评论家，二是研究者。我在云南大学的公开讲座中所提到的“成规”概念，构成我本人全部学术工作的思想基础。成规意味着，我们不仅应该关注我们作为个人读者所遵守的成规，而且应该对其他读者的成规有所了解。只有这样，我们才有可能解答，为什么不同的读者对文学文本有不同的阐释，同时我们也可以试着解释出现不同阐释的原因。出现不同的阐释，也许是因为不同的读者群有不同的爱好、不同的知识系统、不同的文化背景等等。

张晓红：

回应李森刚才的提问，我也想请教佛克马教授，您个人对接受美学的偏好是否促使您朝着将接受美学升华为文学理论通则的方向努力？您是否认为，接受美学对于文学研究具有普遍的适用性？

佛克马：

关于文学理论的通则，首先我想说，了解文学学科史具有重要意义。文学研究者至少应该了解20世纪初以来的各种文学理论流派。俄国形式主义可以被看成一个起点，它为我们从事系统的文学研究做出了最初的尝试，但是它行之不远，没过多久就失败了。我们经常看到，人们追随某种理论思考模式，一直走投无路的境地。出现断裂的原因有很多：或许是因为他们没有找到正确的方法，或许是因为他们使用的材料不适合研究。因此，我个人对所有的研究持一种相对主义的立场。在这个问题上，我赞同卡尔·波普尔的观点，即理论应该最大可能地引导研究。如果某种理论不能对我们的研究发挥指导作用，我们就应该另起炉灶，寻找新的理论或新的研究方法。回到接受美学的发展问题上来，从接受美学里衍生出的文学心理学使得我们可以研究读者读完一本书后能够记住些什么东西；当他们阅读报纸和小说时，记忆内容是否有所不同。我的一个学生做过这方面的研究，他的名字叫罗尔夫·兹万（Rolf Zwaan），他的博士论文《文学理解的方方面面》1993年由阿姆斯特丹约翰·本杰明出版社出版。兹万博士发现，心理暗示是读者接受的一个重要因素。如果一批读者被告知，他们阅读的东西是文学作品，而另一批读者得知同一文本选材于报刊，这两批读者记忆的内容往往不同。前一批读者更多地记忆人物性格塑造，而后者多记住与时间和地点相关的内容细节。我举这个例子，是为了具体说明文学心理学研究大有作为。与此同时，与文学接受相关的文学社会学研究方法和范畴更容易理解，也就是说，我们可以通过研究具体文学作品读者群的规模大小和竞争情况来审视该读者群的教育背景状况，可以考察某个具体文本更多地受到男性读者还是女性读者的青睐，还可以研究包括文学作品翻译在内的文学传播和普及。现在，我想谈一个更加重要的问题。

从接受美学理论中分化出来的不仅仅有文学心理学和文学社会学两支，还有更加深入的语言学研究。如果某些作品接受面很广，也就是说按照文学社会学的研究方法断定，某些作品具有很大的普及面，那么接下来自然而然会引发这样一个问题：为什么那些文本会受到普遍欢迎？我们回到文本中，试图找到文本质量、文本特性、文本和读者群之间的种种联系，这样使得我们可以研究文体和话语。我将此命名为“文学语言学研究”。我认为，文学心理学、文学社会学、话语分析之类的文学语言学都可以围绕“成规”这一概念来开展研究。我倾向于这样一种设想：我们可以使用“成规”和“创新”的概念来衡量文学文本的质量。一个新的文学流派的出现往往是在成规基础上的创新，并成为新成规的标识。我自己常常沿着这一思路开展研究工作，但是我无意宣称，我个人的研究方法是唯一可行的理论途径。再补充一点，接受美学的文学心理学、文学社会学和文学语言学这三大分支之间的联结因素是：这几方面的研究应该关注具体文本，而我们可以假设这些文本具有审美效应。我认为，文学研究离不开“文学是一种艺术”这个基本命题。当然，我们可以另外找时间讨论文学审美问题。

张晓红：

您的意思是说，有人否认文学是一门艺术？

佛克马：

当然有，且为数不少。比如，詹明信反对使用“审美”一词，同时反对任何把文学和美联系起来的说法和做法。很多人认为，我们无从知道审美是什么，所以文学研究者应该研究文学以外的所有文本。时间有限，我不便深入说明，还是下次再谈文学审美问题。

李森：

从佛老的《二十世纪文学理论》中我看到了一种倾向，佛老比较钟情于俄国形式主义，而对欧洲大陆的解释学和英美新批评有很多不同的看法和批评。与此同时，佛老对英国经验主义也有所批评。十多年前，佛老您对语言学批评抱有不同的看法，您刚才将接受美学的后续发展分为文学心理学、文学社会学和文学语言学，这是否意味着您对自己早期立场的纠正？佛老，您怎样重新评价解释学和新批评？

佛克马：

我对解释学的基本立场并没有多大改变，但是我想指出的是，有些人误以为我反对解释学和新批评。我认为，解释学是一种重要的理论，它有助于我们理解文本和他人。众所周知，伽达默尔（Hans-Georg Gadamer）在其德语论著《真理与方法》一书中提出“各种视界的融合”的观点，即读者和写作者视界的融合。伽达默尔的观点确实为我们理解文本提供了有价值的理论指导。在此，我想再次强调读者（批评家）与研究者之间的区别。如果我们接受这种区分法，那么任何关涉阅读和理解的理论都不会与研究本身发生冲突。除了理解文本之外，我们还可以开展研究。因此，我不反对解释学，我只不过将“研究”作为解释学的有益补充。姚斯本人对文本阐释和文本研究这两项工作的区分持一种暧昧的态度。这里涉及一个出发点问题，也就是说，文学研究者能否接受每一个文本都可能允许一种以上的有效阐释的事实。德国解释学存在这样一种倾向：伽达默尔、姚斯以及用德语写作的波兰人英伽登（Roman Witold Ingarden）都试图寻找文本唯一“正确的”阐释。文学研究界颇费工夫，才摆脱了这样的偏误。我认为，承认寻找文本唯一正确的阐释是错误之举，尚且需要一个过程，许多批评家和学者仍然难以接受一个文本允许一种以上阐释的事实。

李森：

伽达默尔关于语言对话的理论很有意义，只有对话才能达到“视界的融合”，这一点区别于传统的解释学追求文本原意和历史真相的主张。

张晓红：

您二位还记得云南大学中文系钟秋教授在座谈会上的提问吗？钟老师非常不理解，为什么海男会得到文学批评界如此多的关注。她认为，海男是个创作力不济的诗人和作家，常常用多种技巧和手法来藏拙。座谈会之后，我和钟老师进一步交换了意见。我说，自然科学和人文社会科学有着明显的分野。自然科学可以包容唯一正确的真理和唯一正确的方法，尽管任何真理和方法本身都具有相对性和暂时性。人文社会科学不属于“硬”科学，任何一个文本都可以用一种以上的阐释法进行一种以上的解读，文本阐释没有对错之分，只有有效和无效之分。

李森：

我很同意这种看法。我认为，寻找对文本唯一阐释方法的努力来源于欧洲理性主义的方法论传统、《圣经》的解释学传统，也许更重要的是这是一种科学主义的、实证的传统。因为科学主义的方法论探索的是事物的客观存在，也就是它本来的样子。在我看来，寻找文本唯一阐释通则的可能性是不存在的。我阅读佛克马教授的《二十世纪文学理论》一书时产生了很多困惑，因为佛老也有一种寻找一种普遍性批评通则的理论抱负，但是在阅读过程中我似乎没有获得相应的答案。不过我在阅读佛老后来出版的《文学研究与文化参与》时，对佛老的理论有了更加全面的了解。佛老实际上已经区分了纯粹的科学研究与人文研究的不同点。有一句话很重要："科学研究不能产生价值判断。"在后一本书中，佛老区分了自然科学的研究，也就是对有机物和无机物组成的客观世界的研究与人文研究的不同点。科学研究本身不能导出价值目的，即那个人文的、思想的、形而上的目的，它只能发现所谓的自然规律。我认为这种区分很重要。

佛克马：

寻找对文本唯一正确的解释是解释学的特征。解释学的立场和方法植根于《圣经》的解释传统，与科学主义和理性主义关系不大。我同意李森的看法，20 世纪的某些解释学家曾经试图把他们的解释理论上升到学术研究层面，但是我认为，将传统的解释学方法论（寻找原意）看成科学主义和理性主义的产物有些言之过激。再者，关于纯粹科学研究的问题，我认为科学里也有科学研究的空间。回应张晓红刚才所说的，为什么钟秋教授不能理解读者和研究者对海男的不同接受呢？我们可以对不同读者的不同解释进行学术和科学研究。我想声明一点，科学研究的可能性存在于所有学科之中。我同意价值判断在科学研究中是行不通的，科学工作者都试图寻找适用于几种情况而非某一种特殊情况的通论和表述。简而言之，理想的科学研究最终将为我们有效地论述某一类材料提供理论指导，在某些情况下甚至具有普遍的有效性。然而，我们必须明确区分自然科学与人文社会科学。自然科学的研究成果一般具有预测性价值，可以预测未来的事情，而人文科学所提供的通论和表述少有预测性。当然，我并不排除这样的可能性，我们研究文学生活和文学文化有可能提出某些确实具有预见价值的通论。

李森：

我认为伽达默尔的解释学美学有着深刻的矛盾。一方面，他强调审美理解和解释的本体论可靠性，即强调艺术作为一种创造物的“清楚”的存在，审美理解的课题必须是一种具有意义统一性的对象；另一方面，他又表明审美理解的一种历史性的、个人的“偏见”，强调“对话”、“历史视界”和“现实视界”的“视界融合”。同时，他指出了艺术的人类游戏性质。他想弥合这两者之间的矛盾，实际上并没有做到。这是本质主义和非本质主义之间的矛盾。

伽达默尔的解释学美学，反映了欧洲大陆哲学，特别是德国哲学的特征。柏拉图也好，黑格尔也好，都有本体论的预设，伽达默尔也有本体论的预设。我读中文本的《真理与方法》《美的现实性》等，觉得伽达默尔的书写得太啰唆，总是在一些不言自明的问题上绕来绕去。当然，我宁愿相信这种缺陷是翻译带来的。

张晓红：

能否请佛老举例说明人文科学中现已提出的具有预见价值

的通论或通则？

佛克马：

好的。很多人也许会觉得我的例子过于浅显，没有什么意思，不过我想说的是，理解深奥复杂的文学需要接受文学教育，一个从来没有读过文学的人恐怕很难理解和欣赏普鲁斯特、鲁迅、闻一多的作品。

张晓红：

这样的表述不像是有明显的预见性，更像是一种经验总结或者说是一种观察。

佛克马：

但是我可以预测，一个只上过两年公立学校的人读不懂闻一多。

李森：

科学主义的理论模式同样可以被用于人文学科研究，用于文学理论和文本研究，但是我认为，这只是一个方法论的问题。通过科学主义的方法找到一个理论模式，或者一个理论通则来解释所有艺术文本，是不可能的，原因是任何理论模式和任何通则都带有非此即彼的、单向性的方法论特征，就相当于数学方程式或者科学定律，只适用于一定的时空关系和范畴。到目前为止，还没有任何一个科学定律适用于所有的科学研究领域，即便科学定律在具体的科学研究领域也有很大的局限性。寻找一种人文理论通则或理论模式的努力是重要的，但是我认为，我们不可能找到适用于所有文本、所有作品的理论通则。我再补充一下，我所说的寻求一种"放之所有文本研究领域而皆准"的理论模式或理论通则来自科学主义和理性主义的传统，仅仅是从中西方哲学和文艺理论的比较来说的。科学和理性最重要的研究方法，就是寻找能使用于广泛领域的理论通则和理论模式。佛老刚才举了鲁迅、闻一多、普鲁斯特这几个作家的例子，我同意一个没有接受过阅读训练的人或者一个受教育程度很低的人不可能读懂闻一多、鲁迅和普鲁斯特，尤其是普鲁斯特。但是，我认为，这里还牵涉到另一个问题，也就是说读者或者研究者的心智和心灵结构的问题。我认为，人有一种天生、天赋的心智和心灵结构，但对于审美来说并不可靠。

心灵和心智这两个词是不同的，天生的心智和心灵结构也是千差万别的。更重要的是，人的心智和心灵结构中包含一种文学参与和文化成规成分，一个人的心灵和心智往往不仅仅是他个人的心灵和心智，更多的是会受到文化习惯、环境和教育的影响，其中的环境也包括他生存的环境。一个没有受过现代主义文学教育的人可能喜欢阅读巴尔扎克和托尔斯泰，但是他不能阅读普鲁斯特或海男的作品，因为阅读实际上也是一种文化参与，是心灵和心智的发现。这就是为什么世界上没有哪一部作品能受到所有读者喜欢。也许人人都赞美莎士比亚，但是我相信真正被莎士比亚作品打动的读者远远少于赞美他的人。这就是一个综合的文化参与和审美倾向性的问题。莎士比亚这样的文学巨匠已经成为一个文化符号，甚至莎士比亚的存在与他的作品已经没有什么关系。也许佛克马先生所说的“重写”和“文化成规”这两个概念，更能清楚地解释这个问题。这两个概念可能构成文学研究一个很重要的出发点。

张晓红：

我同意李森从生理、心理和社会文化几个角度理解人的心灵和心智的观点，不过我认为，文化对人的心灵和心智的打造作用远远大于生理和心理。从出生那天起，我们的心灵和心智就无时无刻不经受文化的操纵、塑造和打磨。用一种时髦的说法，文化自始至终形塑着我们的心智和心灵结构。我们吃的、穿的、用的、住的无不受到文化的限制或激发。但是我不完全同意李森对莎士比亚的文化象征作用和符号资本的见解。莎士比亚作为一个文化符号无时无刻不在与他的作品发生关系，一提到莎士比亚的名字，我们首先想到的就是《哈姆雷特》《麦克白》《李尔王》《威尼斯商人》《罗密欧与朱丽叶》以及他优美的十四行诗。莎士比亚其人具有多少历史的真实性变得无关紧要，他的作品已经成为西方经典文化的重要组成。

李森：

那当然，我同意你的看法。我所说的与你的观点并不矛盾。我想说的是，莎士比亚和他的作品都已成为文化象征符号。有很多人把莎士比亚看成一个伟大的作家，但是未必读过他的作品，未必喜欢他的作品，未必真正地被他的作品打动。我认为，人的心灵和心智有天赋成分，而且在天赋上有很大的差别，这并不是一种“生理决定论”，而是对存在的事实的一种描述。另外，我想再补充说明一下生理和社会文化对人的心灵和心智的影响的问题，人的文化的心灵和心智确实与天生的心灵和心智有很大的不同，文化形态、教育、生存环境等重新塑造人的心灵和心智。这两个命题是平行的，不是悖论。

佛克马：

李森刚才建议，将文学重写和文学成规看成文学通则的一部分。我想解释的是，我们应该从方法论意义上区分通则和理论概念。文学成规和重写属于理论概念范畴，它们没有直接针对社会现实说话。但是，如果我们采用更为精确的表述，现代主义的重写成规远比现实主义中的重写成规显得突出和普遍，那么，我们就是在总结一个与社会文化现实相关的通论。当然，我们可以参照文学史的事实，挑战和批评这样的通论。我认为，这一通论本身是正确的，同时它可以成为文学研究所能下的通论的范例。

张晓红：

我觉得，成规和重写属于不同的理论范畴。重写是一种技巧，一种方法，一种现象。相对照而言，互文性才是一个理论概念,它作为一种方法论可以揭示文学生产和文学接受的某些秘密，而重写是互文理论框架下的一种具象表示。

佛克马：

你的观察很正确，也许重写应该同时被看成一种文学史现象和一个技术术语。你的话阐明了这样一个事实：我们的理论概念并不总是处在同一理论层面上，并不总是同一类型。

李森：

开个学术玩笑吧！朱莉娅·克里斯蒂娃命名的互文性概念已经流行，她下了个先手棋，如果我们给“重写”注入更多的内涵的话，也许这个概念会在文学研究中流行起来的。

刚才佛克马教授和晓红关于重写、成规、理论通则或者理论概念的判断很有道理。我们刚才讨论的，是否有一种理论通则或理论模式能被应用于所有的文艺批评，这是在文艺批评能否建立一种真理性原则的基础上来说的。佛克马先生认为，“成规”和“重写”这样的理论概念可能会不断受到批评和挑战，这个观点非常重要。在我看来，文学研究和文学批评的历史就是批评符号和批评概念不断地受到挑战的历史。或者说，是新的批评概念和新的批评符号挑战或取代旧的批评符号或批评概念的历史。在这种挑战和批评的历史进程当中，一种艺术本身不言自明的真理性可能会创造出来。研究和批评发生和发展的历史就是理论意义上的阅读的历史，至少是最重要的一部分阅读史。

我所讲的，不可能存在一种放之四海而皆准的理论通则，是从两个意义上来说的：其一，艺术本身不可能有一个本质，因此我们也无法通过一种理论通则或理论模式去找到那个本质；其二，艺术批评和艺术研究也不可能获得一个真理，它只能在批评和研究的过程当中获得真理性。传统的文艺理论或者说科学主义中的本质主义、本体主义的文艺理论一般相信，艺术有一个本质的存在，而针对这个本质进行研究就能找到艺术的真理。不管是重写也好，成规也好，互文性也好，这些概念在我看来都只是提供了一种方法论基础，也许在艺术研究领域，方法本身就是本质。

张晓红：

我认为，在我们现在讨论的重写、互文性、成规这三个理论概念中，成规概念包容性最大，它具有一种动态性。既然成规是某一群体所认可、所接受、所执行的“群体协议”或“约定”，那么群体构成成分的变化、个体能动作用以及该群体所置身的语境和环境变化都有可能促动成规的变化。新旧成规不断地更替，而有时候旧成规又有回归的可能性。在文学成规的动态变化过程中出现了丰富的互文性和重写现象，从而形成流动不息的文学史以及文学写作和阅读的开放性。

李森：

成规的确是个非常有活力的概念。我已经提到，成规为我们提供了一种方法论基础。如果说有一种研究的本质或者一个研究的通则的话，这种概念可能本来就是本质或者通则。

佛克马：

我们的讨论出现了新的议题。李森，能不能请你解释一下，为什么艺术没有本质？

李森：

在我看来，如果艺术有一个本质，那只能是混沌和虚无。

而事实上，混沌和虚无并不能算是本质。因为混沌和虚无只是艺术发生的一个出发点，而不是本质。在艺术中，人们苦苦追求的那个本质，实际上就是美本身，而美和意义事实上是没有本质的。柏拉图暗示了美的本质就是理念，在《会饮篇》中，他阐述了“自在的美”，这种美是不偏不倚的、永恒的；在《理想国》中，他对艺术更是失去了信心，艺术的模仿性质有悖于他苦心要建立的理性规则。黑格尔的观点与柏拉图一脉相承，“美是理念的感性显现”，这就是最著名的本质主义立场，但这样的说法并不可靠。理念是什么呢？是规律么，是规则么，还是上帝？各种概念、各种表达方式都只是语言的命题或者说某种说法而已。柏拉图不相信眼前能看见的东西，不相信具象，于是搞出个理念来。而自古及今，没有哪位理论家、美学家说清楚过“美是什么”这个命题，将来也不会有人说得清楚。也就是说，美只能是一种诗性的感悟，一种理解，一种对自在的形式的亲近。换一种说法，我可以说，艺术没有本质，也就是说，艺术没有一个真理。当然，人们可以预设一个真理。

从艺术品的角度来看，艺术就是由无数的具象、事象和事态组成的形式。你可以说，它是生活的图式，也可以说它是心灵的图式。但这种图式是具体的，是“这一个”，而不是抽象的全体。任何事物都没有一个代表全体的本质。我们自以为已经发现的本质，可能只是一个具象，一个图式，一种说法，或是对预设的真理亲近的各种理论模式。是的，我们可以给艺术预设一个本质，但我们永远无法找到那个本质。我认为，艺术没有本质，既是从美——艺术本身来说的，也是从知识论的角度来说的。

关于“世界”，也是如此。世界本身没有一个本质，除非这个本质是人的预设。这是非本质主义的人文主义立场。艺术本身的存在与它自身的事象和符号系统有关。在艺术领域，没有艺术的符号系统就没有艺术。比如，文学是一种语言艺术。语言作为文学的表达符号，表面上看起来是对世界的反映，对生活的反映，对心灵和心智的反映，但事实上，在我看来这种反映从所谓本质上看是不可能实现的。艺术本身就是通过自身的符号、图式创造一个个具体的文本或者作品的过程，而这个符号本身没有本质，如语言没有本质。因为语言并不能准确地命名和表达世界的存在、世界的事象。正如英国美术史家贡布里希（Ernst Gombrich）所说，没有大写的艺术的存在，有的只是具体的艺术家和具体的作品。

另一方面，艺术是个性化的符号表达系统，在艺术家和艺术家之间，作品和作品之间，我们不能找到完全相同的本质。艺术本身是具体的艺术家对具体作品的创造，艺术精神的显露也与阅读、理解或者阐释有很大关系。同一个阅读者和阐释者在不同的心境、不同的时期，对同一作品的理解都会有很大的不同，而不同的读者和阐释者对同一作品或不同作品的理解就更加千差万别。

当代行为艺术、流行艺术想突破传统意义上的符号和图式表达系统，以身体、行为和“非艺术化”的方式表达艺术的创造力，但仍然不能超越“表达”的系统。他们毕竟还要拍成图片或影像，向人们展示。这就是“真相”。

张晓红：

语言作为文学的表达符号系统是对生活、世界和心灵的反映，事实上是把语言看成世界的一面镜子，把文学看成对世界的机械模仿，这种反映论建立在对古典戏剧文本阐释的基础上，是自柏拉图和亚里士多德以来的古典西方诗学的精要。不过，简单的反映论已经成为文学批评和文学研究的过去。艾布拉姆斯（M. H. Abrams）在名作《镜与灯——浪漫主义理论批评传统》

中区分了四种文学理论，摹状的、实用的、表现的以及对象化的，他的理论尝试是对传统反映论的反动。在这个问题上，我建议强调外部现实和文本现实的分界。我认为，文学不但试图部分地反映世界、生活和人的心灵，而且也不断地观照和反映先前的文学文本和非文学文本。每一个具体的文本或多或少带有模仿性，同时又具有文本性和互文性。现实主义文学更多地反映外部现实，可是现代主义和后现代主义作品把文学眼光向“内”转，消解文学对世界的模仿和反映，凸显文本的自我指涉和文本间性。从这个角度来看，我认为，文学具有双重功能，它既反映外部现实，又反映文本的内部现实。另外，我赞成艺术没有唯一本质的命题，但是艺术没有本质的事实并不妨碍我们进行预设，并不断通过艺术创造尽量地去接近那个预设的本质。

佛克马：

李森提出了几个颇有洞见的观点，张晓红的补充发言也很有意思。我很欣赏贡布里希的思想，因为贡布里希和波普尔之间存在着某种思想上的联系。在此，我不想展开来谈。针对“艺术有没有本质”的问题，我想进一步发问：如果艺术没有本质，那么艺术有什么？如果艺术没有本质，那么它就是人类交流的一种工具和一个因素。我们不得不承认，很多批评家已经认可艺术或世界的某些本质。我将此称为“宗教态度”。比如说，穆斯林将《可兰经》视为神圣语言，他们似乎相信连《可兰经》的物质文本也具有某种神圣本质。我同意李森的人文主义立场和世俗化思想。我们确实可以说，任何科学研究本身都是世俗的，不应该受到宗教信条的束缚。另外，我想补充说明一下“语言作为一种文学的符号系统”的问题。你们俩都强调文学是对语言的使用。结构主义文论家、符号学家保罗·德曼

（Pawl de Man）提议，将文学看成一种“二级”符号系统，意思是文学是由语言组成的。直到今天，我仍然觉得这种提法很有意思。文学语言是按照艺术方式进行组织和组合的，所以我个人倾向于一种略有出入的表达法。首先，我们应该将文学看成一种艺术。再者，文学的材料不单单是语言，而且是使用过的语言。我的这个观点受到了里法特尔（Michael Riffaterre）的《诗歌符号学》一书的启发。

李森：

我非常赞同“文学是使用过的语言的符号系统”的观点。语言符号本身包含着对世界的命名，对世界存在的解释。我们使用过的语言是一种约定俗成的语言，不管这种约定俗成是从世俗的层面上来说，还是从理论研究的层面上来说。每一种语言符号系统自身也是一个文化符号系统，语言结构本身也是一个文化结构。语言与世界的关系是一个层面，语言与个人心智和心灵的关系又是一个层面。不管语言在文本中指称哪一种关系，它本身都是一种修辞关系，而不是对世界或人的心灵和心智的完全反映。文学本身的魅力就在语言的修辞关系中。语言和世界的关系，语言和人的心灵及心智的关系，无论哪一种关系，它们之间都存在着一个巨大的混沌空间。对于这个空间，文学艺术只能通过比喻、隐喻和指称等修辞关系创造审美关系来加以洞见。这两个巨大的混沌空间永远也不能通过文学艺术的形式去弥合。佛克马先生所说的，文学是使用过的语言的符号系统这一观点非常重要。语言艺术本身就是对这种使用的材料的重新使用。作家和艺术家的才能和读者、研究者的才能都体现在如何使用这种被使用过的语言材料方面。我个人不同意保罗·德曼关于“文学二级符号系统”的看法，因为有一个二级符号系统，那就意味着还有一个一级符号系统、三级符号系统或者更多的符号系统的存在。文学艺术的具体作品就是它具体的符号系统的表现，这里不存在一个分级的问题。

佛克马：

请允许我总结我们今天下午的讨论。我们当然不应该误以为一级和二级语言符号系统确实存在于现实生活当中，我们应该意识到这些符号系统都是思想建构物。按照保罗·德曼的逻辑，除了我刚才提到的二级符号系统，我们的确可以划分出更多的符号系统。比如，我们可以区分文体符号系统、某个文学潮流的符号系统、女作家所使用的符号系统等等。如果有必要的话，我们可以更加细致地划分各种符号系统。如果我们不需要这些符号系统，那就没有必要将问题复杂化。然而，就我们现在的议题来说，区分日常生活或新闻报纸所使用的普通语言符号系统和文学所使用的文学语言是有益的。在大部分的文学作品中，一个对语言有记忆的作家必然要对他或者她所记得的语言进行艺术加工和艺术组织。艺术加工和艺术组织常常与被使用过的语言和已经被书写出来的前文本进行对话、商榷和争论。

八

艺术理路与艺术精神

（一）关于“隐喻”

（谈话时间：2004年7月28日上午，荷兰莱顿）

谈话开始时，李森手上拿着托多罗夫（T. Todorov）的《象征理论》一书，佛克马以为我们要谈象征理论或托多罗夫。李森回答说，我们谈论隐喻，不是象征。佛克马开玩笑说：“昆明的老教授，我们要开始吗?”三人大笑。

李森：

我认为隐喻问题是艺术创作、阅读、欣赏过程中无法避免的一个重要问题。也就是说，对于我们每个人来说，隐喻问题是不能回避的。艺术符号或者语言符号，不可能有一个百分之百透明的指称层面。可以说在艺术的范畴之内，所有的符号都具有隐喻性质，相比之下，语言符号的隐喻层面更为复杂。语言符号的使用往往会造成歧义。从某种层面上来说，文学创作就是使用隐喻，或者说是对隐喻的建构或解构。理性主义、现实主义、浪漫主义、结构主义等文学艺术的表达方式，主要可以说是一种隐喻的建构方式；后现代主义、解构主义、反讽的艺术、喜剧中的一部分，可以说主要是解构的隐喻表达方式。隐喻表面上看来是艺术符号或者说是作品的深层结构，事实上，在它们的表层结构中，也充满着隐喻。人们的阅读，习惯上总是要对隐喻的语义层面进行追问，而这种追问实际上就是对符号或作品的隐喻的一种语义解读。比如说巴黎，就从我们看到的巴黎的建筑，宏伟的建筑，城市的结构，从其表层形式来看，它实际上也附着着一个巨大的表层隐喻层面，当然，巴黎这个城市、这个符号还有各种各样深层的隐喻层面。我在巴黎时，我就在想，托多罗夫心中的巴黎、罗兰·巴特心中的巴黎、德里达（J. Derrida）心中的巴黎与张晓红心中的巴黎、我心中的巴黎肯定是不一样的。从隐喻的语义解读层面上来说，我知道的巴黎也是一个隐喻的巴黎，但这是我的一种隐喻，而不是大写的巴黎的隐喻，因为我不知道巴黎的隐喻是什么，那是一个整体的隐喻。一个符号的整体隐喻是很难被彻底分解出来的，一个符号的隐喻总是有着一种扑朔迷离的不确定性。对于一个隐喻的整体，特别是像巴黎这样巨大的隐喻的整体，我只能保持沉默。

不知道佛克马教授对以上的说法做何评价。

佛克马：

我同意隐喻是语言和文学的重要组成部分。然而，我们讨论隐喻问题时面临这样一种危险：无限制地拓宽隐喻的外延和内涵，以至于把隐喻变成一个毫无意义的概念。比如，将所有的语词都看成隐喻实际上就是取消了隐喻的意义。从语言学层面上我们当然可以将全部的语词看成隐喻。尼采曾说，我们所拥有的只有隐喻，我们所拥有的唯一表达方式是隐喻的表达方式。为了防止隐喻概念过度扩张而导致隐喻意义的丧失，我想谈一谈隐喻的艺术效果，这似乎也是李森的倾向。首先，我想谈谈隐喻出现的三个层面：语词层面、语句层面和文本层面。我们也需要对隐喻下一个定义。我在此只想举出一个具有借鉴意义的定义：隐喻是被用在互相矛盾的语境中的词，或者说，隐喻是被用在搭配不当的语境中的词。这当然不是一个盖棺论定式的定义，不过它至少阐明了隐喻的一个重要特质，也就是说，被用于自相矛盾的语境中的词和句使人惊讶，强化人的感知。我们在讨论先锋艺术的问题时，曾提到强化感知是艺术效果的成分之一。隐喻的使用可以产生艺术效果。但不是所有的隐喻都能产生艺术效果，隐喻的使用具有审美潜质。另外，我们需要一种分析隐喻的方法。把隐喻看作被用于自相矛盾的语境中的词、句、文本，并不是说这样的词、句、文本与它们所处的语境发生全面冲突。让我们一起来看看一个出现在语词层面的著名的拉丁语隐喻："人对另一个人来说是狼（homo hominilupus）。""狼"一词并不与其语境完全协调。如果我们对该词进行语义分析，我们会发现狼是一种四条腿的残忍的野兽。人没有四条腿，从这个意义上讲人和狼不具有可比性。但是，狼残忍的性格适合其语境。这种语义分析法非常简单。通过对语词进行语义分析，我们可以说，最标新立异的隐喻也只有一个或少数几个适用于句子语境的语义成分。如果李森想说明，托多罗夫、巴特、德里达心中的巴黎不同于张晓红眼里的巴黎，那么李森的话没错。托多罗夫、巴特、德里达心中的巴黎不一定是隐喻，而是他们现实生活经历的一部分。巴黎这个符号和这几个人的语境并不冲突。但是定居在昆明的李森和旅居在莱顿的张晓红阅读《追忆似水年华》时，可能会把巴黎解读成一种西方奢华生活方式或别的什么的隐喻。

张晓红：

我完全赞同佛克马教授从经验主义立场出发探讨隐喻问题。

李森对隐喻剖析得很精彩，很诗意，可他的阐述中确实存在着将隐喻概念意义无限扩大的倾向。李森的话里隐含着一个解构主义语言哲学的立场，如德里达的经典哲学命题——“文本之外没有他物”。尼采和海德格尔也有过类似的表述。解构主义语言哲学家将语言修辞关系看成人与世界、人与人之间的唯一关系，而这种关系又充满了不确定性和不可言说性。语言是人与世界、人与人之间至关重要的关系纽带，但显然不是唯一的纽带。我认为，区分语言交流和非语言交流、虚构与现实、文本与世界，对我们从事文学研究有着重要意义。解构主义者混淆这些区别，甚至根本不承认这些区别的存在。坚持这些区分，也就是坚持在言说和接受的语境中讨论隐喻问题，从而使我们有可能区分哪些是日常生活用语，哪些是文学语言，哪些是用滥了的隐喻，哪些是新颖的隐喻。

当代文学批评界之所以着力复兴隐喻在修辞格和修辞学中的地位，甚至把隐喻抬高到“修辞中的修辞”的位置，是因为隐喻的修辞特性与人的认知欲望和认知活动有吻合之处。乔纳森·卡勒（Jonathan Culler）的《曲折的隐喻》（The Turns of Metaphor）一文对此做了深刻精到的分析。传统看法认为，隐喻可以揭示本体和喻体之间本质的、必然的、深层的联系，而借喻依赖的是偶发的、并联的、表层的联系。保罗·德曼通过分析普鲁斯特的作品，指出了普鲁斯特的隐喻多建立在偶然的、相互依存的关系基础上，因此与借喻发生交叠。他们的研究对传统修辞格的划分进行质疑和发难。但是我认为，界限模糊不等于没有界限，推举隐喻不等于抛弃其他修辞格。我承认隐喻的重要性，但把隐喻看作唯一的修辞方式反映了一种“修辞霸权”的倾向。

李森：

有几个概念我觉得是很重要的。隐喻的使用在多数情况下是在语境当中完成的。在语境当中，隐喻可以在字的层面表达，在句的层面表达，也可以在文本和作品的层面表达。比如说《追忆似水年华》这部作品，其隐喻可能指向逝去的时光、生命的扑朔迷离、时间和空间转化的无常等等。我们可以用几个句子的表达式，或者一种甚至几种判断、几个概念来分析和解读《追忆似水年华》这部作品中的隐喻，我们可以说，它的隐喻就是是什么、不是什么。但种种说法事实上并不能做到完全和充分地对这部作品进行解读。作品创造了一个巨大的隐喻场，由大大小小的不同层次、不同内涵的隐喻组成。我们可以说普鲁斯特创造了时光流逝的隐喻，也可以说他创造了别的什么隐喻，但这种解读和这部作品本身是两回事。也就是说，我们可以用很多概念、很多判断甚至各种理论去解读这部作品的伟大之处，但这种解读永远只能是对这部作品的隐喻的可能性解读。巴黎作为一个国际大都市，它有它的历史、文化、生命，它有它的存在方式，巴黎作为一个符号具有巨大的隐喻性质，不管是福柯、德里达还是张晓红，他们以自己的经历、文化背景，自己的见识在解读着巴黎这个隐喻，甚至出入巴黎这个隐喻，又创造了不同的文本，创造了不同的隐喻。比如，李森写了一首诗来对巴黎进行解读，也可以说这首诗又创造了巴黎的一种隐喻。

以上的分析我想说明两个意思：一个是隐喻符号本身存在的可能性，另一个是对隐喻表达和阐释的可能性。这两个层面是相辅相成的，对隐喻存在本身的判断，就意味着阐释；反过来，对隐喻的表达或阐释，也就预设了隐喻的存在。

我们往往认为，我们的文本的表达是可靠的，我们使用的字、词、句是可靠的。我们似乎通过我们的表达方式到达了一个符号、一个文本的表层指称结构和深层隐喻结构，事实上，在我看来，表达总是顾此失彼的。表达可能是对符号存在的隐喻的可能性的部分解读，也可能是对这个符号的隐喻的创造或引申，所以，我们可以说，文化结构很大程度上是在隐喻层面上被解读的。比如，刚才佛老引用的“人对另一个人来说是狼”这句话，它可能是对“残忍”这样的概念和意义的解读。因为语言无法直接做到对“残忍”这个语义进行表达，因此，它必须借助“狼”这个动物的感性直观——一种残忍、凶残的狼的动物性的感性直观。在这里，“人”“狼”“残忍”三种不同内涵的概念被勾连在一起。把“人”和“残忍”连起来的是“狼”，“人”通过“狼”的属性获得了“残忍”的隐喻。这样一来，“人”的某种劣等属性在这个隐喻中得到一种解读、一种引申、一种表达。

我当然也同意把隐喻放在具体的语境当中来解读的看法。在语境之中创造隐喻，在语境之中解读隐喻。语境是隐喻的土壤，这是没有问题的，特别对于活的隐喻来说更是如此。语言哲学家唐纳德·戴维森（Donald Davidson，1917—）把隐喻分成死隐喻和活隐喻有一定道理。比如“口”（mouth），最早这个词用于动物的口，后来隐喻瓶子的口“瓶口”、河流的出口“河口”等。这些词已经约定俗成，变成对“世界”的指称。这样的隐喻是死隐喻。

我认为现实生活中，表达和接受的障碍，多数时候也是隐喻的障碍。当然，没有隐喻是不行的，语言的丰富性和魅力，主要也在于隐喻的魅力。隐喻制造了多种层次的、复杂的语义层面。意义的世界、诗性的世界多半就潜伏其中、滋生其中。

佛克马：

同意，我同意。

张晓红：

我发表一点意见，我觉得你们俩谈的隐喻不在一个层面上。

我认为，佛克马教授更是在修辞学层面上来讨论隐喻，使它更适合实证的文学研究，使它变得易于操作；可是李森更是从哲学层面上把隐喻作为一种存在的或者是一种认知的方式。这个就是为什么你们的观点有重叠的地方，同时又有很大的隔阂，甚至可以说你们的出发点是不一样的。

佛克马：

我强调说明一下，我认为把隐喻的使用扩大化，扩展到任何语言使用中是没有意义的。我注意到，我对隐喻概念的用法和李森的用法之间存在着分歧。李森对隐喻的使用更广泛，而且更加是一个哲学意义上的概念。我自己更侧重于如何发现和分析具体的隐喻。

李森：

对不起啦，我刚才说的，不能说是隐喻的无限扩大。我使用的隐喻概念，是限制在文学艺术作品，或者更广义一点说是限制在艺术符号和艺术形式范围之内的。的确，在现实事物层面，很多东西是没有隐喻的，自在的事物可能没有隐喻，只有物的自然层面——如果我们不去表达它，没有看见它在滋生诗性的话。但是，任何一种物、物态、事态，当你以艺术的方式去表达它的时候，它就会滋生诗性，产生隐喻。诗性就是一种隐喻。比如说，一棵树，它的确有一个物的存在层面，我们姑且预设这棵树与你的诗性感觉和诗性创造没有关系，但是，当你把“这棵树”这个词组、“树”这个词变成一个语言符号或视觉艺术符号，使它进入一个文本、一件作品之中的时候，无论眼前是一棵具体的树，还是一棵抽象的树，它都会产生诗性的隐喻。比如说，生命存在的隐喻、孑然独立的隐喻、高大的隐喻、低矮的隐喻、投下阴影的隐喻、庇护的隐喻、鸟的家园的隐喻、心灵空间的隐喻等等。在一份植物学报告中，“树”这个词与“那棵树”的关系，可以说是一种指称和被指称的关系，可以看作没有隐喻。[有的哲学家认为，词与物的指称关系就是一种隐喻关系，表达词与物、物态、事态的关系，也是一种隐喻关系，因为语言和符号毕竟不是本来的事物。法国人孔多塞（Marie Caritat de Condorcet）在《人类精神进步史表纲要》中说：“在语言起源时，几乎每一个字都是一个比喻，每一个短语都是一个隐喻。”］然而，在一个作品中，“这棵树”的视觉层面也可能产生隐喻，比如说，树投下的一个阴影、阳光在树叶上的闪光、树上的鸟巢、粗壮的树干等，也可能产生隐喻。比如俄罗斯风景画家希施金（Иван Иванович Шишкин，1832—1898）画中的树，表面看来纯粹是视觉层面的树，但画中的树却含有俄罗斯民族、土地、家园的隐喻，这是一种普遍的解读方式。希施金有一幅画，名字叫作《在平静的原野上》（1883），这幅画画的是一棵巨大的橡树孤零零地矗立在广袤的原野上的景色，这幅画完全可以看作客观的写生画，可是这幅画、这棵橡树，却在人们的心目中成了俄罗斯民族某种诗性的隐喻。

所以说，隐喻是人们在创作、表达、阐释和欣赏层面上一个无法回避的事实。当然，在文艺理论或诗学层面上，我们可以把隐喻分成各种层面进行分析，比如说隐喻中的一部分，我们可以用象征的说法去替代。比如，埃菲尔铁塔，它就是巴黎的一个象征，因此，象征本质上也是隐喻的一个分支。一个符号在隐喻的诗性表达中，它脱离了、超越了这个符号的物质层面，这种超越就是一种隐喻，这里的物质层面是打着引号的。埃菲尔铁塔本质上是物质，它在巴黎的存在，向另外一个层面转化了。

再申明一下，无疑，我这里说的隐喻，是在创作的、表达的和解读的层面上来说的。有时候，即使没有创作艺术符号，形成语言表达式或别的什么具体的艺术形式，但在观察者和欣赏者的心灵世界中，也会形成某种诗性的、反诗性的隐喻。在任何表达、创作、阐释和欣赏过程中，反诗性也是一种诗性的表达。“反诗”不也是诗么，正像“审丑”在诗学中事实上也是审美一样。

张晓红：

追根究底，李森的疑问和其解构主义立场是不可分的。李森认为，我们所使用的语言不是有机的，而是有选择性的、指称的。这样一来，语言符号天然具有隐喻性。再者，我们对事物的认识只能借助各种符号，尤其是语言符号，因此事物又被赋予了隐喻性。既然任何事物只能以隐喻方式进入符号系统，那么我们也只能用隐喻的方式对它们加以解读。发现和分析本身只能是部分的，是一种可能性解读，而不可能抵达什么唯一的、正确的解读。我们的存在形成了一个复杂的隐喻网，任何对旧隐喻的解读都可能产生新隐喻或者新的文本、新的表达方法。我个人不同意把隐喻作为唯一的可能性解读方式。隐喻只能是一种可能的解读方式。正是因为我们可以使用不同的方法对某个文本或某个符号系统进行解读，所以才有文本阐释的无限可能性。对同样一个文本，如康拉德（Joseph Conrad）《黑暗之心》，可以采用传记式、新批评式、历史的、结构主义、解构主义、后现代主义、后殖民主义等视角进行阐释。毫无疑问，不同的视角产生不同的阐释，将这些不同的阐释统统归结为“隐喻性解读”和“隐喻的再生和再创造”有以偏概全之嫌。

李森：

看来晓红对我的观点有很多误解。我并没有认为我们使用的语言不是有机的，而是恰恰相反；我也并没有认为语言就仅仅是指称的。语言既有实在论说的那种与世界分离开来的指称关系的层面，又有反实在论的理解理论的深刻关系。从最新发展来看，前者的代表人物是唐纳德·戴维森，后者的代表人物是迈克尔·达米特（Micheal Dummett，1925—）。我个人认为，语言既有指称关系的一个层面——戴维森说的对象层面，同时又有理解的层面。

佛克马：

我来总结一下，隐喻的问题只有在人们就阐释发问时才会成为问题。我在此仍然采取威廉·詹姆斯（William James）和希拉里·普特南等实用主义哲学的分析立场。当托多罗夫说，“我坐火车去巴黎”时，只要没有人对该语境中的“巴黎”一词发问，就不会有人把“巴黎”解读成一个隐喻。只有当某些人对阐释进行质疑时，才会发现隐喻。

（二）“现代性”与文学艺术

（谈话时间：2004 年 7 月 30 日上午，荷兰莱顿）

李森：

“现代性”这个概念在当下中国的学术界非常流行，被广泛使用，就像前些年“现代化”一词的流行一样。“现代性”与“现代化”两个概念之间肯定有很大的不同，当然也有相同的内涵。在当今中国，有关现代性研究和翻译的著作及论文非常之多，好像学者们不谈一下现代性的问题，就不是一个关注前沿问题的学者。“现代性”概念是个很不确定的概念，它的外延非常之大，它的内涵很小或者很不确定。谈起现代性这个概念，我们自然会追根溯源地想起启蒙运动、自由、平等、博爱、民主的理念，还会想起现代主义、后现代主义、文化参与、文化重构、全球化语境、民族化语境等概念和范畴。我的第一个问题是，想问一下佛克马教授，现代性这一概念在西方的学术界有没有一个比较确定的说法，如果有的话，它所指的内涵是什么。我先谈这点，后面再谈现代性与文学艺术的问题。

佛克马：

自18世纪以来，对现代性的思考是西方思潮的重要内容。发源于法国的启蒙运动，是西方文化史的重要分水岭，其重要性不亚于比启蒙运动早300年的文艺复兴运动。我们甚至可以说，文艺复兴运动和启蒙运动之间存在着必然的联系，但是我们必须展开来谈才能说明这个问题。我们不应该忘记，文艺复兴运动的契机促成了新教和天主教的分离。乔纳森·伊斯雷尔（Jonathan Israel）在最近的研究中指出，启蒙运动的根源来自17世纪犹太思想家斯宾诺莎的哲学思想。斯宾诺莎曾在阿姆斯特丹和海牙这两座荷兰城市定居。我们可以沿着伊斯雷尔的思路进一步指出，斯宾诺莎哲学是反原教旨主义的。17世纪笛卡儿的"我思，故我在"的著名论断同样是反原教旨主义的。伏尔泰是欧洲启蒙运动期间一个重要的思想家。牛顿发现万有引力定律推动了物理学领域的实证研究，这又是一个反原教旨主义的历史性时刻。简单地说，启蒙运动强调个体的观察和判断。个体应该自行做出判断，而不依赖所谓的权威（如国家和教会）。启蒙运动的核心问题是个体判断和个体发展。这样的价值观成为个体从高层权威那里谋求解放的理据，同时也必然激发个体对民主的追求。法国大革命"平等""博爱""自由"的口号是对启蒙哲学思想的简化。在过去的300年间东西方文化出现很大的差异。启蒙运动初期对个体判断和个体发展的强调，使西方人非常重视发展、运动、广义上的先锋实践等，比如法国大革命、1848年《共产党宣言》、1917年俄国革命等。同时，另外一些革命家、左派思想家、社会主义者提出了带有乌托邦色彩的政治纲领。西方似乎更加强调左派思想和社会主义党派的作用。哈贝马斯（Jürgen Habermas）的现代性理论就说明了这一点。中国和其他东方国家的革命运动来得较晚，比如说1919年中国的五四运动。李森是否认为，中国更加强调中间道路？也许中国人更喜欢循序渐进、四平八稳的发展道路，而不喜欢突发的、革命性的变化。有些人说，即使中国政府追求现代化目标，其举措也是保守的。

李森：

佛克马教授刚才对西方现代性概念的一些内涵和现代社会发展的脉络做了介绍。我想就有关问题谈谈中国的现代性概念的一些问题。在西方的启蒙运动时代，中国与西方的联系是非常少的。那时，中国人从皇帝到普通文人，几乎都认为中国是世界的中心，中国文明代表着世界的最高成就，中国人是最文明的人，其他外邦的人，都是些夷人、藩人、野人、蛮人。这种自大当然来自无知。当西方的一些人，比如传教士、探险家将西方近代文明的一些发明创造、一些文化介绍到中国来的时候，并没有引起中国朝廷、中国社会、中国文人足够的重视。例如，早在明朝万历年间意大利传教士利玛窦，就把西方的机械钟表传到了中国，送给了万历皇帝。这个皇帝把它放在宫中作为一个奇怪的玩具来玩，他和那些大臣都没有意识到，没有人能看出来，一个机械钟表的制造对世界、对未来意味着什么，对时间的确定和分割意味着什么。当19世纪上半叶，西方的枪炮打开中国的国门的时候，中国才真正体会到西方文明的巨大冲击力。

中国自古以来都不缺少革命，改朝换代的农民运动就是一种影响力极大的革命。当然，传统的改朝换代的革命与近现代的革命理念是有很大不同的。中国真正算是近现代革命的运动，是在西方文明的颠覆性冲击之下形成的。中国以启蒙为目标的革命运动发生在20世纪，发生在1911年的辛亥革命和1919年的五四运动可以算是中国的启蒙运动、启蒙革命。这一时期的革命之所以算是启蒙运动的开端，是因为在西方启蒙运动时代形成和铸就的一些现代性概念的内涵，已经成为这一时期革命的口号和目的，至少在知识分子的心中和革命实践活动中如此，至于革命被如何利用、以什么样的方式被利用、最终性质被改变，那是另一回事。也就是说，革命预设的目标是一回事，革命的口号是一回事，革命的结果又是另一回事。中国20世纪的历史足以说明启蒙的艰难和革命的复杂。在20世纪的很长的一段历史进程中，以现代性诸多概念为内涵的启蒙运动事实上完全中断了，起源于启蒙的革命准则彻底被利用。

改革开放以来，中国现代性的内涵是四个现代化，简称“四化”，即工业现代化、农业现代化、国防现代化和科学技术现代化。固然，“四化”是现代性的内涵之一，即一种物质内涵，但远远不是现代性概念的全部或最重要的内涵。可以看出，当今中国向西方学习是非常谨慎的，与辛亥革命和五四启蒙时期完全不一样。那个时候，除了学习文化，还要学习支撑现代西方文明的基本理念。当然，在倡导“四化”的20世纪80年代背景下，以出版物为载体的西方文化知识、思想被大量翻译到中国，那时，中国也没有加入《伯尔尼公约》。

诚然，在许多当代中国知识分子的价值取向中，西方从启蒙运动以来确立下来的现代性的核心内涵——自由、平等、博爱、民主是珍贵的。但是，客观地说，在改革开放的前20年中，很多知识界人士，对现代性这个概念的内涵都没有充分的认识，即没有充分地意识到现代性是一个丰富的文化概念，现代性和现代化是有着很多区别的。近些年，由于西方学术的影响，其中也包括哈贝马斯等人的影响，中国学术界和知识界逐渐意识到了现代性其实是内涵非常丰富的一种价值取向和人文社会科学理念。所以，关于现代性的研究在当下中国已经深入人文社会科学的各个领域。这是非常可喜的。在文学研究领域，现代性的问题，也是一个重要的问题。

至于佛老刚才说到的中国是不是喜欢中间道路的问题，这个问题很有意思。中国的革命历史源远流长，革命能改朝换代，法国大革命以及十月革命，一直是中国现代革命的教科书。罗伯斯庇尔（Maximilien de Robespierre）等革命家一直是中国革命家学习的对象。

佛克马：

讨论现代化问题时，我们应该认识到，如果我们过分强调大规模的工业化以及受限的经济和市场，可能产生负面的结果。理性是现代化的重要标准，现代化应该是理性的。如果大规模工业化带来负面影响，我们就应该批判它。我认为“现代化”和“理性化”这两个概念应该并行不悖。理性化似乎是所有东西方社会的一个方向。如果我们使用理性的方法来处理社会问题，那么我们就会不仅仅关注工业化、市场、经济，同时也会兼顾人类心理幸福、个体的发展和解放。我们可以说，对以工业化为形式的现代化所带来的负面影响进行质疑在后现代文学和哲学中有所体现。个体应该对现代化可能产生的负面影响持一种批判态度。我们应该对社会的一切发展持理性批判态度。人文科学的宗旨就是不仅仅让人们过上富庶的生活，同时也为个体追求幸福指明道路。我认为，理性方法可以帮助我们避免以大规模工业化为形式的现代化所产生的负面影响。

李森：

我同意使用“理性化”这个概念，我们所做的一切，都应该是为了人类的福祉和个体的解放而努力。这不是一句大话，我觉得个人应该做他所能做到的，应该捍卫他所能捍卫的。下面，我想谈谈“现代性”这个概念所包含的文学艺术的问题，也就是文学艺术的现代性问题。以中国现当代文学为例。中国现当代文学发展已经有百余年的历史。在白话文运动和与西方文学的交流过程中，我们20世纪以来的文学已经逐渐确立了一种自身的现代性。这种现代性至少有如下三个特征：一是与中国传统文学的传统性和民族性相区别，二是对近现代西方文学几乎所有风格和流派的诗性创造方式的汲取和融会，三是批评模式、阅读理念和评价标准的西方化和现代化。也就是说，中国现当代，特别是当代文学的发展，几乎套用了西方现当代文学的创作原则、创作模式、理论模式、批评模式和话语体系。例如，在理论研究和批评领域，中国文学传统中的一些诗学理论、概念和范畴，在中国文学批评语境中失去了意义。在其他许多学科的理论研究和批评领域也是如此。中国传统文艺理论的理论框架、概念和批评模式，仅仅成了学院或学术机构中学者们研究的古董。这种研究和批评与中国当代文学的创作、研究和批评越来越远。这一点对于一个从事文学艺术研究的当代中国学者来说，应该是个很大的问题。可是，却很少有人在实际行动中去关心这个问题，可能我自己是个例外。我一方面在思想中渴求其他民族和文明的精神遗产，同时又酷爱中华民族伟大的文学传统，包括研究和批评的传统。

在很大程度上，我认为，中国当代文学艺术中的现代性理念和现代性思维模式，实际上是西方现代性文艺创作方法、研究和批评理念的重写。从另外一个角度来说，中国的当代文艺正渐渐远离传统的民族化语境，而渐渐形成了西方化和全球化语境中的现代性。如今的中国学者，在评价文学艺术的立场上和方法上，总是以西方的标准为参照，这使中国文艺面临着丧失继续为人类的文学艺术做出贡献之话语权的巨大挑战。甚至有的学者认为，如果文章不用外语作，其质量和可靠性都值得怀疑了。难道这是危言耸听吗？中国学术界的海归派食洋不化、食古不化的现象，遭到了越来越多学者的批判。

张晓红：

我们应该用历史眼光看待这个问题。目前国内盛行一种说法：20 世纪 80 年代是中国文学照西方文学宣科的模仿期，20 世纪 90 年代是重新追溯中国传统文化和文学的回归期。我不同意这种武断的二分法。中国的写作者和批评者在 80 年代大量引进和借鉴西方，有两个主要原因：一方面，“文化大革命”造成了本土文化文学资源青黄不接的局面；另一方面刚刚走出“文化大革命”阴影的中国人急于学习赶超西方现代化进程，他们似乎相信，凡是西方的就是现代的，凡是现代的就是好的。90 年代对 80 年代不分青红皂白的“拿来主义”进行了纠正。“矫枉过正”情况的出现，与中国国内逐渐高涨的民族主义情绪有着必然的联系。我们不难看出，没有中国改革开放骄人的成就，没有中国国力的上升和国际地位的提高，这股“民族文化之风”就不会刮得那么盛。我不是要反对民族主义，让我担忧的是，极端的民族主义有可能导致大国沙文主义和唯我独尊的单边主义。

举例来说，批评家们（包括我自己在内）都曾指出，翟永明的成名作《女人》是受普拉斯诗歌影响的作品，但是翟永明在诗中塑造的女神形象可以说是“女娲”和“夏娃”的综合体。继《女人》之后，翟永明写出了才华横溢的《静安庄》组诗。《静安庄》从主题意象到诗歌结构都带有明显的中国面相，诗中含有对《周易》、先秦诗歌、中国民风民俗的创造性改写，但同时细心的读者也可以从诗中发现艾略特（T. S. Eliot）、埃利蒂斯

(Odysseus Elytis)、塞林格（J. D. Salinger）的文本痕迹。20 世纪 90 年代的翟永明以中国传统文化为题材写出了大量组诗，如《时间美人之歌》《编织行为之歌》《三美人之歌》《盲人按摩诗的几种方式》《祖母的时光》《脸谱生涯》等，然而这些组诗仍然含有丰富的西方文学艺术成分。难道我们能够单单针对表面现象，得出什么“20 世纪 80 年代的翟永明是西方文学的学徒，而 90 年代的翟永明是中国文化传统的捍卫者”的结论吗？

再拿身边的李森举例，他广泛地涉猎西方文学、哲学和艺术，同时他又大量地阅读了中国古典文学文本和先秦诸子。他的作品里有优美含蓄的中国古典式抒情，有西方哲人的智性之光。李森曾多次著文，尊卡夫卡（Franz Kafka）为“伟大的兄长”，直言不讳地声称受到“卡夫卡寓言式”表达的影响，但李森的读者绝不会说《动物世说》充其量只是模仿卡夫卡的习作。李森对维特根斯坦（Ludwing Josef Johann Wittgenstein）的崇敬更是溢于言表，但是一个成熟的读者不会指责作家李森忘本，忘了中国传统的儒释道精神。当我们批判西方话语霸权和文化殖民时，也要防止陷入狭隘的、极端民族主义的泥潭。个体写作者有自行选择文学楷模的自由，而被选中的文学楷模一定会与这个写作者的话语方式、心律节拍、个性性格和处世之道等方面发生某种共振。为什么选择李白、李清照、曹雪芹或者鲁迅就不至于遭人贬损，而崇拜莎士比亚、艾略特、博尔赫斯（Jorge Luis Borges）或者希姆博尔斯卡（Wislawa Szymborska）就是“崇洋媚外”和“拾洋人牙惠”？我们不应该带着民族主义情绪来看待影响和接受的问题。优秀的写作者不是复印机，他们往往在接受的过程中融会了创造性因素和个体的经验及视角。影响者和被影响者不是一种单向的关系，而是一种双向的、“误读”的、重新阐释和重新书写的关系。

有些人虽然也谈“文化的融合”和“文化间相生相息”，但是他们把中西文化交流演绎成一场“华山论剑”，在场者唇枪舌剑、各自为政，不排出座次不甘心，不争出高低不罢休。这样的文化氛围如何能让写作者不受干扰潜心写作，又如何能让批评家们用相对客观的态度从事研究？在一个私下场合，某一好心的同人劝诫我说：“晓红，你总是在国外杂志上发东西，在国内不但不会产生影响，而且你可能还要担‘洋奴’之骂名。”多么实实在在的话语，一针见血地点破当今中国文化和文学论争中存在的某些政治情绪和政治倾向。

李森：

政治、社会、文化的现代性，文学艺术的现代性的问题，包括所谓民族的、西方的恪守、融通的问题，表面上看来很简单，但其实内涵是比较丰富而复杂的。在文学艺术的创作和接受领域，它包括“当代性”“当下性”诗学准则的确立、新的艺术样式的选择，比如诗歌从律诗到白话体诗的诗歌样式的变革，包括新词的创造、旧词内涵的消解、新的审美原则的崛起等。在我看来，所谓的现代性，是与社会的整体进步连在一起的。社会的进步不是一个空洞的说教，它是一种生活方式的改变，一种心灵和心智内涵的改变，一种与我们的创造有关的视觉符号、审美符号和话语方式的改变。心理时空和物理时空的改变，导致整个文化时空的改变，这就是“现代性”确立，而文学艺术是其具体内涵的审美表达。

佛克马：

我也不同意简单地将中国文学创作和批评中的现代性看成对西方现代性的模仿。即使在与西方文学创作和批评不发生任何接触的情况下，中国文学创作和批评一样会向前发展。中国的写作者和批评家除了考虑中国语境以外还要考虑到全球化语境，我想这是自然而然的事情。这是日益频繁的文化交流的结果，是自然的或理性的发展。中国有些学者认为，中国文化发展主要受到西方发展轨迹和模式的影响，我反对这种想法。中国文化有着自身的逻辑。不仅中国一些文化学者受所谓的西方（同处西方的美国和欧洲之间有巨大的差异）影响，而且中国的批评家同样借鉴比邻的文化，如印度、南亚各国甚或日本。作为一个欧洲人，让我感受最深的是，中国的知识分子也许有理由一方面以世界中心的公民自居，另一方面又在平等的基础上与欧洲各国、美国、亚洲邻国进行文化交流。因此，我认为，将中国文学创作和批评仅仅看成西方影响下的产物是片面的。中国知识分子的确有着强烈的自尊心，尽管他们并不是时时把自尊写在脸上。

九

不先锋的先锋艺术

（2003 年 7 月，时任云南大学艺术学院副院长的李森教授应荷兰莱顿大学邀请，在荷兰和法国开展了为期一个月的学术访问。2003 年 7 月 27 日，李森的莱顿之行已有一周时间。佛克马从意大利度假回来的第二天，锵锵三人行就投入紧张的工作当中）

张晓红：

李森提议，我们先来谈谈“先锋艺术”的问题。佛老对此有什么高见？

佛克马：

哈佛大学教授热纳托·坡吉尔利（Renato Poggioli）的研究目前仍然是我们思考先锋问题的重要思想源流之一。先锋起源于 19 世纪。坡吉尔利对先锋关注的焦点落在“奋争”这个概念上，他使用特定的英文说法表达“奋斗”“挣扎”的意思。所谓“奋争”，也就是要拨开人群、挤到前沿。这种排拒芸芸众生和根深蒂固思维定式的“奋争”代表了当时西方文学的走势。这种先锋概念在中国恐怕令人难以想象。坡吉尔利认为，先锋概念与西方个人主义理念有关，而他所理解的个人主义与基督教传统休戚相关。我们不难看到，19 世纪下半叶文学艺术潮流风起云涌，一浪接一浪。浪漫主义也是其中的一个浪头，但是浪漫主义很少被归入先锋阵营。后来的文学运动被谓以“先锋”，尤其是那些由清晰可辨的群体来主导的文学运动，如表现主义、早期印象主义、超现实主义。也许让李森感兴趣的是，19世纪及稍后的各种先锋尝试同时出现在文学、视觉艺术（如绘画）、音乐领域里。我特别想知道，李森对先锋运动中文学与视觉艺术的互动关系有什么看法？

李森：

我同意佛克马教授对先锋艺术的看法，但在当今中国，“先锋艺术”这个概念与佛老讲的先锋概念有所不同。

20年来，“先锋艺术”这个概念，这种说法在中国非常盛行，“先锋”与“传统”是相对应的两个概念。许多艺术家以先锋自居，理论家也以站在先锋阵营为荣，无论是从创作还是从理论方面来看，有一种观念值得我们注意：好像先锋就是好的，先锋就是革命的，不先锋的就是落后的、保守的。这种对艺术的观察和评判标准，直接影响到艺术创作、艺术批评和艺术研究的各个领域。于是乎，很多先锋艺术家，包括作家和诗人，总是以破坏（主要是胡乱破坏）所谓传统的艺术观念和艺术形式的方式，来获得自己的先锋地位和先锋姿态。因此，“先锋”事实上已经成为被利用的一种概念、一种方式。事实上，这种先锋离文学艺术创作、批评和研究越来越远。尽管艺术并没有一个确定的形式或观念作为创作和评判的标准，但是我认为，只要称得上是艺术的东西，都必须有一条“艺术”的底线。

当然，要画定什么是艺术，什么不是艺术这么一条底线，是非常困难的。可以说，从理论上很难做到，但是艺术是一种诗性创造。我相信，在人的心灵和心智中，有一种对诗性的感性直观。人们通过这种天性的感性直观，可以辨别艺术形式的高下和真伪。它是一种艺术的直觉能力。对艺术的诗性直觉能力，也可以通过后天培养出一部分，但这部分能力也必须与天性的直觉能力进行综合之后，才能变成对艺术的感性直观（这个问题非常复杂，可以另文论述）。

我想继续讨论先锋的问题。无论是视觉艺术还是语言艺术，在中国面临的“先锋”的境遇都是相同的。先锋在很大程度上已经被扩大化、非艺术化。比如说，艺术竞技场上的诗歌和行为艺术，已经堕落到了靠庸俗的、稀奇古怪的甚至是残忍的表达形式来获得观众和中外批评家喝彩的地步。因此，先锋事实上已经变成了一种获得利益、地位和名声的炒作、表演行为。当然，有一些艺术家也还在为作为本真的先锋性的艺术形式进行苦苦探索，这些人是崇高的艺术理念王国的真正的使者，他们的探索精神与西方浪漫主义之后逐渐形成的先锋艺术探索精神在本质上是一致的。

不知道佛克马教授对艺术的表现形式必须控制在“艺术”的范畴之内这一说法，也就是说艺术的表现形式必须有一个诗性创造的底线这一命题有什么看法。另一个问题是，根据我上面的评价，我认为，在当今中国，“先锋”几乎已经变成了一个艺术创造和批评的谎言，这一点不知佛老有什么评价。

张晓红：

我补充一点看法，然后再请佛克马回答李森的问题。我同意李森的这种观察。我觉得，先锋在当代中国的语境是个模糊不清、鱼龙混杂的概念。与西方先锋艺术的缘起相对照来看，中国先锋艺术是在不同的历史条件下和社会背景中产生的。不夸张地说，中国先锋艺术缘起于 20 世纪 70 年代的“地下诗歌”。所谓的“地下诗歌”是相对于正统的、官方文学而言的。当时的地下诗人是一批血气方刚的青年知识分子，他们中的一些人早些时候当过红卫兵，政治幻灭感和对文学的热爱，使这些年轻人自发地组织各种各样的文学交流活动，而他们重要的灵感之源应该说来自当时还被列为禁书的西方现代派文学作品。河北省“白洋淀”诗歌群最具代表性，他们中的主要代表有北岛和芒克，他们的朦胧诗是中国先锋文学的雏形。当然，以朦胧诗为起点的中国先锋诗歌与20世纪80年代中后期出现的莫言、苏童、余华、格非和马原等作家掀起的，以形式主义实验为特征的先锋小说并不是一回事。前者的先锋性应该放到政治历史的框架中加以考察，它一方面指在艺术形式和内容上的创新，更重要的是与官方意识形态进行对话的文学活动。先锋小说则是与经典现代主义对阵的一种形式主义实验。我们讨论先锋艺术，应该首先对“先锋”概念进行语义梳理。

李森：

晓红说的有一部分我同意，但并不完全。

佛克马：

我们可以自由地表达不同的意见。我们的谈话旅程之所以可以从昆明到莱顿，以后也有可能转移到深圳，就是因为我们不怕发表意见，不怕重复自己。关于先锋艺术是不是已经膨胀到超出艺术的界限和对正统艺术的否定的问题，我倾向于认为，艺术技巧没有边界和限制，任何方式和技巧都可以被运用于艺术创作中。何出此言呢？如果我们谈论的对象是艺术和艺术家，我想，一个艺术家总是希望通过艺术作品产生影响。只要我们谈论艺术、文学、音乐，那么审美性就是这种影响的一部分。当然，如果我们讨论恐怖分子和恐怖主义，那就另当别论。从本质上来说，任何艺术效果都含有审美成分，之前我们已经就审美展开了很多讨论。从先锋艺术中我们可以看到，先锋艺术家们试图偏离正统模式。先锋艺术家的目的是使人惊讶，从而引导受众更细致地观看、阅读、聆听。最极端的先锋艺术的部分艺术效果就是使受众惊讶。但是光使人惊讶是不够的。一个艺术作品，哪怕是行为艺术表演，也应传达某种意思。某种意思当然只是个很宽泛的概念，但是很多接触先锋艺术的人都会要求和期待先锋艺术与他们置身的语境之间具有相关性。因此，先锋艺术创造者的艺术效果至少应该具备两个成分：其一，使人惊讶；其二，不论借助什么样的间接形式都要具有相关性。当然，任何事物都有可能使人惊讶。对于一个艺术家来说，难就难在第二个标准上。我们可以看到，行为艺术只能在短期内产生相关性，这样一来就为新行为艺术和新行为艺术家留下了空间。

张晓红：

我们是不是应该用一种相对的眼光看待“相关性标准”？不同的受众群、不同的时空、不同的文化语境，对相关性会提出不同的要求。关于这个问题，李森在谈论文学通则和接受美学等话题时已有精辟的论述。请问，佛老如何定义“相关性标准”？有没有可能找到一种适用面相对广泛的“相关性标准”？

佛克马：

一个艺术作品总会暗示某种相关性，并在一些受众中产生共鸣，让他们相信该艺术作品具有相关性，但艺术家和受众之间的交流往往局限在小范围内。

李森：

这个问题谈得非常好。我完全同意佛克马教授关于任何艺术的技巧都没有限制、任何技巧都可以应用的观点。在讨论先锋艺术问题，甚至所有的艺术问题时，这一点都是非常重要的。同时，佛克马教授还提出了“艺术的审美性”这样一个命题，认为所有艺术都应该含有审美成分。另外，又提出了判定艺术的两个标准：一个是使人惊讶；另一个是艺术形式与它发生的语境的相关性，也就是艺术的相关性问题。

下面，我谈谈自己的看法。刚才，我提出来的先锋艺术总是走向非艺术化这样一种倾向，事实上潜伏着一个理论的危机，就是我们必须预先设定什么是艺术和什么不是艺术这样一个标准，然后再来谈艺术的先锋和传统的关系，这一点佛克马教授谈得很清楚，即艺术的审美性，只有确定艺术的审美特质，才能判定一种艺术究竟有没有意义。这里的问题是，我们这里所说的审美性又是什么呢？如何去判定一件艺术品或者一种艺术形式具有审美性特征呢？这一点也是一个难题。使人惊讶和"相关性"，为审美性提供了某种依据，但是我认为，要进一步讲清楚使人惊讶、与语境的相关性及其审美性的发现之间的关系，仍然是非常困难的。

在一群人里面被认为是具有审美性的形式，可能在另外一群人里面并不被认为具有审美性；在一个语境中被认为是有审美性特征的艺术形式，在另外一个语境里面可能又失去了审美性特征。通过这样的分析，我们就不难想象，要建立一种能解释普遍的审美性特征的理论框架的困难。同样，在一群人中能使人产生惊讶的"艺术形式"，在另外一群人中可能会变得非常平常。佛克马教授还谈到了艺术中意义传达的问题。佛老讲到，艺术应该传达某种意义，艺术传达的意义在不同的人群、语境和不同的审美者心中也是捉摸不定的。

意义（这个词有时可以用语义替代，比如符号的诗性发现，也可以说是符号的语义的引申）传达在艺术研究中是个核心的问题，意义问题也是语言哲学和诗学研究的重点。请问佛克马教授，我们能不能就意义传达问题和审美的"相关性"问题继续讨论，我想就这两个问题继续求教。

张晓红：

我先插两句吧。佛老提出了"相关性"标准，李森引申出

“语境化”或者“相对性”标准。我认为，“相关性”和“相对性”这两个标准同样可以被放到文学艺术成规的理论框架中加以讨论。就文学成规而言，它包括文类特点、文本结构和句法、反复出现的主题和意象、标准情节和叙事方式等。对标准话语的语义、句法、意象、结构和形式的掌握和了解，是从事文学研究的起点。只有了解某种文化内部不同时期的文学艺术成规是什么，我们才能探究先锋艺术与标准话语到底产生了什么样的偏离，取得了什么样的突破，在怎样的程度上实现了创新，产生了什么样的短期和长期社会接受。

“相关性”和“相对性”标准，可以成为我们思考艺术创作和艺术审美的出发点。举个例子，中国摇滚艺术家崔健当年以《一无所有》《红旗下的蛋》等摇滚歌曲传达了一种普遍存在的不满，但今天的听众可能会从崔健的艺术表达中听出隐隐约约的“政治怀旧”情绪，解读出“政治无意识”来。“怀旧”情绪似乎弥漫在20世纪90年代以来的中国艺术创作活动中。王安忆在20世纪80年代中期写出了反传统、反道德，具有心理实验特性的“三恋”(《小城之恋》《荒山之恋》《锦绣谷之恋》)，而1996年茅盾文学奖获奖作品《长恨歌》则带有对民国时期大上海浓浓的怀旧情绪。电视里有铺天盖地的“怀旧”历史片，大江南北的广播和收音机里播放的是刀郎改唱和翻唱的民族歌曲和革命歌曲。这些现象是不是表明，激烈、反叛、新奇的先锋艺术活动已经成为历史，审美趣味发生了倒退，先锋艺术已经失去了阵地和受众？我想，“相关性”和“相对性”可以为这些问题提供某种解答。

佛克马：

只有在具体的文化语境中才可以对“艺术是什么”加以定义。换言之，对这一问题的解答取决于我们指称的是哪些艺术家和哪些受众。某些艺术意图可能为受众所认可和接受，艺术意图里的艺术价值得到确认。某些艺术意图也许得不到任何人的认可和接受。还有些时候，我们会看到，某些没有任何艺术意图的作品为一些人认可和接受，在这些人看来具有审美性。从理论角度来说，存在着第四种可能性，即没有艺术意图的作品被认为不具有审美性。关于什么是艺术的问题，必须从实际出发，对这个问题进行解答离不开具体的文化语境。我还想谈另外两点意见。第一，源于19世纪欧洲的先锋艺术运动现在已经出现在世界其他地方，这样一个事实需要得到解释。我的答案是，稳定的社会文化正式环境是先锋艺术创作和欣赏的必要条件。这就意味着，战乱、饥荒、洪灾、地震期间不可能出现繁荣的先锋艺术。创作和欣赏先锋艺术，需要宽容某种程度的不确定性。对不确定性的宽容，是一个心理范畴的问题。一个为了生存苦苦挣扎的人不可能容忍先锋艺术里的不确定性。一般而言，20世纪世界各地的人们已经获得了相当程度上的经济政治保障，从而有条件对实验或先锋艺术发生兴趣。20世纪80年代和90年代的中国同样如此。

李森和张晓红都提到了第二点，也就是如何对待相关性概念和语义意义的问题。文学是我所思考的主要艺术形式，在这里不涉及音乐，更不涉及视觉艺术。我提出，关于审美效果的讨论可以运用两个因素，使人惊讶和相关性。使人惊讶，可以强化感知和观察。某些能产生强烈惊讶效果的先锋艺术往往缺乏语义相关性。一种先锋艺术虽然长于产生惊讶效果，但也许它仅拥有短暂的艺术生命，很快被其他先锋艺术取而代之，被人遗忘。然而，如果越来越多的人看出某一艺术作品中的语义相关性和意义，该作品可能获得更长久的艺术生命，从而使更多的人有机会接触和熟悉它。一部文学作品能够进入文学经典，主要是从语义基础上来说的。

张晓红：

稳定的社会政治环境为先锋艺术创作和欣赏提供了前提和保障，但绝不构成其必要条件。第二次世界大战前后发展起来的“达达”艺术就是一例。经典意义上的先锋艺术具有反抗性和颠覆性，在政治和社会压力下和骚乱中可以产生艺术文本的反抗，从而把被政治和社会所束缚的人性和个性解放出来。中国当代的“先锋诗歌”发端于20世纪70年代的“地下诗歌”，当然“先锋诗歌”的成熟和繁荣确实出现在经济政治相对稳定的20世纪80年代中期。所以说，我们或许应该在“稳定的社会政治环境”之前加上“相对的”这样的限制语。

李森：

我同意佛老从具体的文化语境来定义艺术的论断，张晓红的意思也表达得很到位。一个艺术符号或者说是一种艺术形式具有一种表层的语义，同时还具有一种深层的语义。不论表层语义的被发现和被接受，还是深层语义的被发现和被接受，都与具体的文化语境有直接的关联。一个具体的艺术符号或者艺术表达形式，在某种审美层面上，其语义应该是比较稳定的，但同时艺术表达形式或符号又总是有审美的不确定性。艺术说到底是一种艺术表达形式或艺术符号的艺术。我们所谈论的艺术和非艺术的界限，事实上是在接受美学、符号学等当代诗学理论的背景下来谈论的。我在此谈论的艺术符号、艺术形式，不是从艺术的本体论意义上来说的，艺术实际上并没有一个本体。艺术审美的问题，通常是一种审美习惯和文化规约等诸多因素在发生作用。一个生活在封闭地区的文盲，他从来没有见过世面，当他第一次看见卢浮宫和凡尔赛宫时，他也许会赞叹这两座宫殿的宏伟和壮丽，但他对这两个符号的语义解读与张晓红、李森的解读是大不一样的。如果再让他看看两个博物馆馆藏的艺术品，审美的诗性问题就更不一样了。我所谈论的艺术形式、符号意义（语义）的稳定性，也是在审美文化规约性的框架之内来谈论的。从这个意义上来说，一种经典的艺术，也是在一种审美文化的语境中成为经典的。在一种文化中的经典，可能在另外一种审美文化中就不被人接受，这应该是一种正常的现象。不过，对经典的认可这个问题是非常复杂的。有时候，经典与对所谓先进性的、先锋性的艺术审美判断有关，对习惯性、大众的审美判断无关。有的经典是通过研究而获得经典地位的，而不是通过阅读具备经典性的。有时候，经典是在历史语境、时间和空间语境中获得的经典地位，而不是在它被创造出来的那个“当代”语境中被确立经典地位的。比如埃菲尔铁塔，它的经典地位是当它成为巴黎的象征之后才被确立的。在这座铁塔建造之初，它就是一件宏大的先锋艺术品。它在时光流逝中，在巴黎这个巨大的语境和自身的诗性显现中实现了从先锋到经典的转化。

在研究和批评文化中形成的经典和在阅读文化中形成的经典，总是大不相同。比如，詹姆斯·乔伊斯的《尤利西斯》和马塞尔·普鲁斯特的《追忆似水年华》这两部作品就是在批评文化中形成的经典。这两部作品在世界上声名显赫，但即便是在从事文学研究的人中，能够读完他们的人也很少。《汤姆叔叔的小屋》、《鲁滨孙漂流记》、安徒生童话等既是研究的经典，也是阅读的经典。而经典的武侠小说、言情小说、流行艺术是通过阅读形成的经典。当然，各种形式的经典之间也会互相转化，比如《金瓶梅》，它本身是一部坊间里巷的小说，登不得大雅之堂的，后来成了中国文学史上的一部经典。

佛克马：

让我们回到李森一开始谈到的，中国的先锋艺术与正在走向非艺术的问题。他也使用了“理论危机”一词。我想知道的是，既然任何方式和技巧都可以被运用到艺术创作中，李森为什么要使用“危机”这样的字眼来形容当前先锋艺术的创作和接受？我想说的是，目前还没有哪一个理论框架谈论先锋艺术的危机。

李森：

我所说的中国的先锋艺术面临着创造性危机，正是在艺术应该具有审美性特征这个意义上来进行判断的。这个判断固然带有个人的主观色彩和审美倾向性，但是我认为，从审美性方面来说，艺术是应该有自身的某种规定性，即艺术应该首先是艺术的那种规定性。这种规定性不是来自某种预设的理论框架，而是来自一种人类精神对美的探索的诗性直观。

中国当下的一些所谓先锋艺术，以追求低级趣味、展示稀奇古怪为能事。比如中国当下的一些诗歌作品，完全是一些口水话、性描写、龌龊的生活原生态的描写，被戏称为“厕所文学”“裤裆文学”，又比如某些行为艺术，把一头活猪捅了一刀后让它流着鲜血在街上乱跑，有的艺术家以暴露自己的身体和隐私的方式来写作。凡此种种艺术，我认为都越过了艺术应具有的审美性特征的底线。这些所谓的先锋艺术家，他们采取这种“艺术”行为方式主要有两个目的：一是出名，“一步登天”，以最简单、最引人注目的方式登上文学艺术的竞技场，在登场的时候最好有许许多多的批评声音，最好在出场时马上就得到西方汉学家们的关注；二是为了降低写作的难度，与语言、符号、本真的艺术形式搏斗不是他们情愿的。因此，我可以说，这样的先锋与艺术无关，最多只能算是伪先锋。在我接触的许多所谓的先锋艺术家当中，也有人直言不讳地表达他对这种先锋的怀疑。但由于快速出场、快速成名、快速进入批评话语系统实在是太诱惑人了，所以许多人也就打着艺术的旗号出狠招、出奇招了。据我所知，这样的情况在西方也是有的。我们不难发现，有的先锋行为方式已经亵渎了先锋艺术探索的纯粹性和纯洁性，如果在艺术形式中真的有先锋艺术这种东西存在的话。

我还是认为，我在上面谈到的艺术的底线问题非常重要。尽管我们可能永远不能找出一种可靠的理论框架来规定什么是艺术，什么不是艺术，但是艺术创造本身，应该是一种有难度的诗性表达。也就是说，与艺术传统的审美经验、艺术形式相对应的、真正的先锋艺术，应该是一种有难度的、有新的诗性创造精神的艺术，就像印象派绘画当年在巴黎的处境一样。

张晓红：

我完全同意李森的看法。我认为，在当代中国某些所谓的先锋艺术，完全是打着先锋艺术的幌子来做非先锋的事情。他们一方面误读先锋的意义，另一方面践踏先锋艺术实践。在西方的语境下，先锋是指艺术上的创新，也是指思想上和姿态上对市场、政治、文化传统压力的抗拒。我觉得，在中国语境下，狭义上的先锋文学也好，广义上的先锋艺术也好，首先是在政治压力下产生的，可它产生之后，却与市场合谋。先锋艺术以迎合市场趣味和低俗阅读习惯为旨归，哪里还有什么“先锋性”可言呢？

李森：

也不完全是与政治的关系，还有与意识形态的、打着引号的传统的对抗。或者，更确切地说，是唱点反调。更重要的是想博得人们的喝彩，想建立新的艺术根据地，追求一种明星效果，制造一种轰动效应。当今的艺术界是个江湖，我很清楚。

张晓红：

所以我觉得，在中国当下谈先锋，它不仅仅是一个纯粹的艺术概念。

李森：

没有那么宏大和悲壮！是一种策略，一种获得名声和利益的策略，不是一种真正的艺术探索。这帮人中的绝大多数，99.9%都是些胆小的、缺乏正义感的人，心中哪有什么政治和历史的概念。这些人我认识太多、了解太多了。

张晓红：

对，是一种策略。我想，这个问题已经很清楚了。

佛克马：

我们的谈话五点钟准时结束，然后出发去鹿特丹，吃中国菜。

李森：

最后，我想在理论层面上补充一点我对所谓先锋艺术的看法。我认为，从对艺术的本真判断上来看，所谓传统，所谓先锋，不过是一种说法而已。这是一种艺术形式和另外一种艺术形式的区别，不存在哪种艺术形式优劣的问题。也就是说，从本质上来说，不存在先锋艺术这种东西。如果承认所谓先锋艺术优于传统艺术的话——许多先锋艺术家骨子里就是这样认为的，那么就陷入了一种艺术进化论的泥坑。艺术形式是会不断被创造出来的，但艺术的诗性本体不再发展。一个艺术品、一首诗、一个文本，如果它是伟大的，那么它就达到了其诗性的自足，诗性通过这种形式达到了完美的和谐——也包括不和谐之美、对抗的张力之美，这也是一种美的和谐。因为艺术精神是在具体的艺术形式中显现出来的。一个杰出的艺术家创造属于他自己的艺术形式，自己的风格和问题，他的精神最终被这种艺术形式所取代而成为人类精神史的一部分，就像凡·高的《向日葵》《星空》《黄房子》所表征的艺术精神一样。

（谈话完毕，我们在荷兰的夕阳照耀下，乘着佛克马教授的“标致”牌灰色轿车向鹿特丹驶去。据说，那样美好的天气在荷兰很不多见。我们去了一个叫“太湖居”的中国餐馆，这家餐馆是佛老和张晓红喜欢去的中餐馆。在回来的路上，我们看见牧场上巨大的黑白奶牛卡通式标牌。佛老幽默地说：“这是荷兰的先锋艺术。”我们喜笑颜开）

十

当代中国的先锋诗歌与诗人形象*

元文本，或曰关于诗歌的话语，无所不包，如连一个诗人名字也说不出的事实。很多人问："今天还有人写诗吗?"而2006年"人民网"（《人民日报》网络版）上的一篇文章指出，"诗人"一词是"十年间从人们嘴边消失的49个旧词"之一。再如，其他一些人对先锋诗歌所做的谱系式学术考察，以及从创作理论到关于"诗人身份"（poethood①）带有个人偏见的论战。所有这些统统属于中国当代诗歌的元文本。②

（一）外人的想法

按照一种传统的中国诗学来看，从"崇高"（elevated）到"世俗"（earthly），以及从"什么"（what）到"怎么"（how）的文本趋势使得阅读当代诗歌的读者越来越少，而传统的诗学

---

* 本章译自荷兰汉学家柯雷的著作《精神与金钱时代的中国诗歌——从1980年代到21世纪初》（2008）的第一章第五节。

① Poethood，此词可译为"诗人身份"、"诗人"或"诗人性"等，具体意义视上下文而定。

② 《十年间从人们嘴边消失的49个老词》，人民网·文化·新闻，2006年9月15日；向卫国：《边缘的呐喊》，作家出版社，2002。

观念在今天仍然有着相当大的影响：诗歌应该是严肃、高雅的艺术的精华，并且卓然独立、文以载道，而且，诗歌还可以使读者深刻地了解诗人的高风亮节和他们对世界的看法，以及在一种稳定的社会秩序观念中，他们个人的立场。

这就可以帮助我们理解，如果不是完全的一无所知的话，为何公众会在总体上带着偏见去看待，甚至不理会先锋诗歌。对大多数中国人来说，诗歌指的就是古典诗歌。对于现代诗歌，他们只知道新文化运动，以及20世纪40年代以来的一些诗歌作品，可能还对70年代和80年代的北岛、舒婷、顾城和海子的作品有所了解，除此之外，没几个人知道现代诗歌为何物。如果有人对当代诗歌有所了解，即便没有阅读过什么作品，他们也常常会想当然地认为现在的诗人无论写什么，都不可能与新文化运动中的诗人相提并论，与前现代那些伟大的诗人更是相去甚远。这些诗人本身与前现代前辈们的关系是暧昧的。没有哪一位当代诗人会去质疑古典诗歌中所蕴含的美。同时，诗人所体验到的古典传统几乎是不可逾越的，同时也是一个使他们感到沮丧的潜在根源，这种感受又因为公众前述的成见和忽视甚至无知而变得更加强烈。

2003年6月，北京一家新开张的大型书店，专营高雅文化书籍之外的所有读物。它举办了一场名为“睁开眼睛：非典之后的中国诗歌”的诗歌朗诵会，尽管准备工作仓促，也没做大的宣传，但来宾和观众却济济一堂，与会诗人当中大多属于先锋诗派，这又是何故呢？[①] 无疑，部分观众会失望地发现该场诗歌朗诵会包括了怪癖的文本，它们并没有触及令公众忧心忡忡的主题，如“非典”的暴发以及首都基础设施大整修。

① “重写当代诗歌史”，海淀购书中心，2003年6月6日。

即便先锋诗人做梦也别想拥有古典诗歌今天继续满足的读者数量，但先锋诗歌写作本身是一个人数不多但稳定持久的行当，一个有着良好文化品位的小众领域，不少受过高等教育、有着良好社会关系的实践者与支持者汇聚于此。支持者包括编辑和专家以及业余读者，这意味着既有职业批评家和学者，又有铁杆“粉丝”——大学生以及一代代研究生，而且，通常是那些生活方式跟得上高品位文化发展的人。同样，在中国，文化商业化所产生的效应之一是：留名或匿名的公司和个体兴起了对诗人、诗歌出版以及诗歌活动的赞助风，实际上也为学术机构从事诗歌研究提供资助，如北京房地产巨商——中坤集团的黄怒波，也就是诗人骆英，他是有着公司背景的诗歌赞助商之一。[①]

因此，尽管诗歌人群占大城市人口的百分数只有个位数，但是在绝对数上其规模仍然相当可观。更重要的是，他们享有象征资本意义上的影响力。然而，从 20 世纪 90 年代中晚期以来，即便是专业读者也会绝望地把自己看到的情形视作一种诗歌危机，常常被表述成诗歌边缘化的结果。一个著名的例子是，1997 年，北京大学的谢冕教授在武夷山举办的一次大型中国现代诗歌国际会议上，忧心忡忡地说：“有些诗歌正在离我们远去。”他的说法格外能说明问题，因为在 1980 年，他曾经勇气十足地投入围绕朦胧诗所引发的论争当中，挺身捍卫正处于萌芽状态的先锋诗歌。[②] 在该次会议的讨论中，谢冕的同事洪子诚则认为“我们”或许恰恰“在远离某些诗歌”。两位著名学者之间的交

① 参见江克平《从“运动”到“活动”：诗朗诵在后社会主义中国的价值》，吴弘毅译，新诗研究的问题与方法研讨会，2007 年 5 月；Heather Inwood, “On the Scene of Contemporary Chinese Poetry,” Ph. D. Thesis, University of London, 2008, pp. 62-65, 133, 228-255。

② 谢冕：《在新的崛起面前》，《光明日报》1980 年 5 月 7 日。

流，反映了原始文本（primary texts）和评论之间的关系正在发生转变。在过去，学术研究和批评不接受什么模棱两可，即便在20世纪80年代，尽管那时开始出现真真正正的而非盖棺论定式的讨论，但相形之下，现在的学术研究和批评已经堪称变幻莫测。

诗歌危机论表明，关于诗歌本质日益激烈的论争是如何要求我们重新思考一度不言自明的学术批评合法化力量和道德评判力。批评家们凭借什么样的权威宣称当代诗歌中存在着危机和诸多“问题”，已经不再显而易见，就像谢冕在上述引文中采用非特指第一人称复数形式[①]那样。诗歌危机论带有道德说教和民族主义意味，与其声言加以评论的文本不相符。与动用规范性概念的做法如出一辙的，比如诗歌的“走向”问题，意思是说话人所赞成的诗歌发展方向，常常夹杂着种种“应该”和“应当”，以及“乐观主义”和“悲观主义”批评立场，这意味着陈旧落伍的评判性视角遮蔽了很多正在发生的事情。

但是，有一个更大的问题普遍存在于来自不同文化传统的现代诗歌当中，而非仅仅发生在中国。如果诗歌不再是一个铁板一块的而是受到强烈质疑的概念的话，我们就大可不必不假思索地称之为危机。或者反过来说，时刻展现危机也许正是现代诗歌天生的作为。正如德里克·阿特里奇（Derek Attridge）和乔纳森·卡勒之类的学者所言：现代诗歌倾向于挑战——在世界和我们自身当中存在着秩序和连贯性的假设，并且，它颠覆文化而不是保存古典文本中常见的古老的、经典化的价值观。在中国，悠久的古典传统及其在民族文化认同中的重要地位，与奚密所概括的现代诗歌的国际性、混杂性、离经叛道和实验

① 即类似于汉语中的“我们”这样的人称代词——译者注。

性本质之间产生了一种特别严重的歧义。如果这种歧义让很多读者感到惴惴不安的话，是因为当代诗歌及其在社会中的立场，大体上与继续被古典诗歌范式所塑造的种种期待是相对立的。当代诗歌的“无销路”（unmarketability）被毫无根据地拿来与其他生活领域里的商业化潮流加以比较，这无端地成了遭人痛惜和嘲笑的理由，明显存在着类似的“拉郎配”现象。

2003年，赵毅衡在论及一个南京小说家群体时，对今天中国诗歌的自我放纵和微不足道加以贬斥：

> 他们曾经都是诗人，成名于20世纪80年代后期……在20世纪90年代他们改写小说，因为他们认识到写诗现在完全是一种孤芳自赏、自我陶醉的“卡拉OK式”艺术。①

尽管布尔迪厄（Pierre Bourdieu）可能没有思考过“卡拉OK”这玩意儿，但它显然应该属于他所谓的“自产自销”（production for producers）之物，先锋艺术即可为例。② 先锋艺术如斯，赵毅衡的隐喻不无道理。卡拉OK的意思是表演他人的歌词和乐曲，实际上它并非如此。“自产自销”是一个有用的观念，但也是种夸大其词，③ 其有效性仅仅基于以下考虑：诗歌读者（消费者）与创作者（生产者）合二为一的比例远远超出其他文类和文学艺术形式，而且他们实际上都是业余爱好者，是在圈外默默无闻、多少带点私人性的读者。但是，这样的限定说明

---

① Henry Zhao, Y. H., “The River Fans Out: Chinese Fiction since the Late 1970s,” *The European Review* 11-12, (2003), pp. 203.

② Pierre Bourdieu, *The Field of Cultural Production: Essays on Art and Literature*, edited by Randal Johnson, various translator, Polity Press, 1993, 39 etpassim in parts I-II.

③ 如 Julia Lovell, *The Politics of Cultural Capital: China's Quest for a Nobel Prize in Literature*, p. 149。

是不够的。如果对个人集子、多人合集、非官方和官方杂志和网站情况进行衡量的话，先锋诗歌始终明明白白地展现出活力和弹性，尽管它从 20 世纪 80 年代到 90 年代之后发生了显著的改变。

就 80 年代诗歌的高可见度而论，它超出文化精英圈，或者说自娱自乐的圈内观众（读者）的范围——主要来自艺术界和学术圈的铁杆读者除外，其他读者是否涉猎最有名的朦胧诗篇之外的作品显得可疑。例如，北岛的《回答》、舒婷的《祖国啊，亲爱的祖国》（1979）、顾城的《一代》、梁小斌的《中国，我的钥匙丢了》（1980）、芒克的《葡萄园》（1978）、江河的《纪念碑》（1979）、杨炼的《我们从自己的脚印上……》（1980）以及其他若干迅速经典化的文本，大多激发读者从社会—历史的角度对之进行寓言式解读。①

更为根本的是，虽然最为有名的诗人从 70 年代末到 80 年代确实拥有了摇滚巨星般的地位，但这也是一种反常的情况，用一种隐喻说法就是“高雅文化热”（high culture fever）。在 20 世纪 80 年代，有一种流行的说法：往窗外扔一块石头准能砸着一个诗人。但是，这只反映了为数不多的先锋诗人惹人注目，而真正进行多元化、个人写作的人并没有大量涌现。后一幅画面实际上是对 20 世纪 90 年代诗坛情有可原的写照。如果落石砸中的不再是诗人，那是因为街道上塞满了其他潜在的受害者，人们的社会—文化活动和流动性整体上已经开始急速加剧和多样化。

相比之下，“自产自销”——正如前文所述——对于革新的

① 阎月君等编选《朦胧诗选》，春风文艺出版社，1985，第 1、42—43 、122、148 、190—192、247—248 页。

诗歌来说是一种常态，它并不自称具有重大的社会或经济意义。鲍勃·派里曼（Bob Perelman）在一篇短文暨短诗中概括了这一情况：

> "诗歌的边缘化"——这几乎是
> 理所当然的事。Jack Spicer 写道，
> "没有人倾听诗歌"，
> 但问题就变成了，
> 谁是 Jack Spicer?
> 在意他的诗人应该知道……①

诗歌一般来说不能吸引大众的兴趣，亦不用于卡拉 OK，赵毅衡的隐喻由此变得合情合理。前面所说的"圈内观众"一词，涵盖私人空间里的一小撮人，以及一家安有公共卡拉 OK 设施的酒吧的全体顾客，其共同的观众身份在某种程度上具有偶然性。然而，成功的卡拉 OK 表演可以挣钱，而先锋诗歌就经济资本而言没有销路，由此成为布尔迪厄所说的"经济世界的逆转"（the reversion of the economic world）的最重要范例。先锋诗歌如斯，在中国国内，诗歌不同于小说和电影，也稍稍有别于绝大多数戏剧、艺术和流行音乐。矛盾的是，如同江克平所言，正是因为诗歌的"无销路"可被理解成不被市场"无德"所污染的一种品质，先锋诗歌和官方诗歌近年来均成为房地产开发商业广告的魅力合作伙伴，因为诗歌的象征价值可以弥补被金钱彻底腐蚀的商业形象。有人认为，诗歌的"无销路"是结构

① Bob Perelman, *The Marginalization of Poetry: Language Writing and Literary History*, Princeton UP, 1996, p. 3.

性的，诗歌与商业广告的伙伴关系是偶然的，尽管回报颇丰。[①] 无论如何，赵毅衡的观点很有启发性，因为它为解决复杂的元文本问题提供了路径，但诗歌不是卡拉 OK。我们将在下文讨论诗人及其出版物的“视觉展示”（visual presentation）过程时，回顾这一隐喻。

至于国际化，无论是在公共场所，如电影院、画廊和展览馆，还是在富人私宅之类的私下场合，较之中国电影和视觉艺术，诗歌在经济上的无销路十分显著。通过翻译、国际性的诗歌节和“驻地作家”（writerships in residence）等形式，中国先锋诗歌已经现身于众多国外诗歌圈，并发出自己的声音，在经济意义上反而同样没有销路。坦白地说，国外读者对中国文学的了解，主要局限于古典诗歌和现代小说。

总而言之，一般大众对先锋诗歌一无所知，一些先锋诗歌读者（专家）为此而感到愤怒、失望或者困惑。这些只反映了一部分外人的想法——在此，我不想详述对诗歌持乐观态度的读者，但他们与诗人的想法密切相关。

（二）诗人的想法

就像许多别的中国诗人那样，西川和于坚有着自身全面的、明确的诗学观念。西川的诗观里包含严肃的、时而大言不惭的声明。1986 年，他写道：“诗人既是神又是魔鬼。”而在 1999 年，诗人又写道：“强力诗人点铁成金。”相反，于坚在 1997 年撰文说，诗人不过是一台语言文字处理器，一个固守在日常现

① 江克平：《从“运动”到“活动”：诗朗诵在后社会主义中国的价值》，吴弘毅译，新诗研究的问题与方法研讨会，2007 年 5 月。

实当中的匠人，他使用语言“从隐喻后退”，实际上是作为一种“消除想像的方法”① ——丝毫不像月光下写诗的悲剧性天才，或者更像西川书中所谓的炼金术士。

尽管如此，两位诗人的诗学观念在这一方面都是暧昧的。1995 年，西川写道：宣布自己即使不写诗也是诗人，确有人在。反过来，于坚祛魅去蔽和真正渎神的实践，因其自命不凡的声明丧失效力，其中包含着诗人扬言要反对的浪漫主义。1999 年，于坚称诗歌为：“穿越遗忘返回存在之乡的语言运动……它指向的是世界的本真，它是智慧和心灵之光。”②

这些话表明“崇高”和“世俗”作为坐标在文本和元文本中的用处。“崇高”诗学强有力地呈现在诗歌崇拜当中，它最初起源于 20 世纪 70 年代和 80 年代，把诗人抬高到超人、神圣的地位，正因如此，诗人身份受到极多的追捧。诗歌崇拜在 20 世纪 90 年代以及后来的影响，表现在对海子和黑大春的持续崇拜和神秘化过程当中，前者之所以被神化是由于他的自杀事件，后者则是因为他放荡不羁的生活方式。近年来，以“世俗化”为终极目标的明确诗学尝试大有咄咄逼人之势，于坚是其中最多产的撰稿人，尤其是在 1998 年到 2000 年关于“民间写作与知识分子写作”的“盘峰论争”当中。

“盘峰论争”表明，对于那些身处“世俗化”阵营的诗人来说，尽管凡事自诩“平凡”（ordinariness），但他们仍然认为“诗人性”是一种卓然超群的品质，具有非同寻常的意义和社会相关性。对于“崇高”派写作者来说，诗人在其诗学信仰当中仍

---

① 陈超编《最新先锋诗论选》，河北教育出版社，2003，第 389、398 页。

② 于坚：《穿越汉语的诗歌之光（代序）》，杨克主编《1998 中国新诗年鉴》，花城出版社，1999。

然占有特殊地位。挽救诗人式微的可见度，对于“世俗”派诗人来说或许显得格外紧迫，因为他们自称有能力与中国日常生活（现实）以及“普通老百姓”保持联系，而“平头百姓”对“世俗”派诗歌艺术的无知使这些诗人愈发感到痛苦。无论如何，在当今社会，诗人很难保持一种高傲的自我形象（self-image）。发展到一定程度，他们的艺术脱离主流社会消费，诗人内心滋生出“圈子”尊严感，但是在圈外没有观众的情况下，他们不可能无限期地保持尊严。对于一位诗人来说，受到“不酷权力”（uncool powers）的误解和压制，堪称光荣。反过来看，在艺术家与观众进行互动的过程中，艺术成就发展到根据诗人反抗性和争议性加以衡量的程度，如王尔德（Oscar Wilde）所言：“只有一种情况比人家说你闲话还要糟糕，那就是人家不说你闲话。”在此，变通的说法是：只有一种情况比受到读者的误解和压制更糟糕，那就是遭人漠视。

那么，从“什么”到“怎么”的文本趋势伴有从“什么”到“谁”的元文本趋势，这其实是诗人的“自我促销”行为。大概从2000年开始，诗人及其出版物开始采用一种“视觉展示”法。年轻作者，如“下半身”诗人、整个“70后”诗人群或者更年轻的诗人，最先在非官方刊物（如《诗文本》2001年第4期）中插入五花八门的照片和抢眼花哨的版面设计。年长的诗人和编辑不久就开始“跟风”，比如伊沙和于坚，以及默默编辑的书卷式《撒娇》诗刊复刊，等等。[①] 之后，开始流行带插图的回忆录以及关于先锋文学从起源到今日光景的外史别传，其中包括钟鸣、芒克和杨黎。在宋醉发名为“中国诗歌的脸”的

---

① 《伊沙诗选》，青海人民出版社，2003；于坚：《诗集与图像》，青海人民出版社，2003。

展览中，100位诗人和20位批评家的肖像照成为原始素材，诗歌作品和诗学主张反而成了“配角”。2006年，在广州举行的“诗歌展”上，宋醉发的肖像得到极高的关注，本次展会由宋醉发和诗人杨克、祁国共同策划。同样，一大批诗人被列入肖全的《我们这一代啊》，书中收集了作家和艺术家自20世纪90年代以来公开发表的各个版本肖像。[①] 尤其是对年纪更轻的作者来说，发照片是自然而然的事情，这种诗歌圈视觉化现象部分是因为其他传媒正在侵蚀书面文字霸权的文化大趋势，具体体现在书籍的改头换面上，如此种种。然而，这也是诗人塑造自身形象的一种策略性做法，为的是维系读者群或者实际上是观众群。

照片和其他插图以三种形式出现。第一类是新潮时髦、风格化的，有时带有表演性和挑逗性的肖像照，既有单人照也有集体合照。《诗文本》和其他类似的出版物颇有代表性：照片是诗歌作品花哨而直观的延伸物，暧昧地展现摇滚生活方式。第二类是各式混杂的照片，有些摄于公开场合，如诗歌朗读会或研讨会，另一些则是诗人生活照，大部分属于近照，但有时也包括家庭影集式的童年照片、诗人手写体影印件等等影像作品，从伊沙和默默最近出版的书中即可窥见一斑。第三类照片常见于诗歌回忆录狂潮中，（集体）肖像照标示着文学史上的公开场合，与此时此地形成对立。一旦第三类和第二类照片上了点年头，就难以将它们区分开来。

---

① 钟鸣：《旁观者》，海南出版社，1998；芒克：《瞧！这些人》，时代文艺出版社，2003；杨黎：《灿烂：第三代的写作和生活》，青海人民出版社，2004；宋醉发：《中国诗歌的脸》，中国文化出版社，2008；肖全摄《我们这一代》，花城出版社，2006。关于诗歌展览可参见 Maghiel van Crevel，*Unofficial Poetry Journals from the People's Republic of China: A Research Note and an Annotated Bibliography*，MCLC Resource Center→Publications（online），2007。

从过去到现在的体验，是一个逐渐过渡的过程。20 世纪 90 年代初以降，伊沙就已经出道。但一张伊沙照与一张北岛和芒克照不是一码事，后两者刚刚走出地下状态，正要把地上文学搅个天翻地覆。因为照片指向一个确定的过去时刻，它留下了痕迹，从而能够宣称具备稳定的历史意义。骆一禾在 1989 年 4 月写给万夏的信函影印件，在事发后不久描绘海子的自杀，其性质与北岛和芒克的照片相似。性质不同的是，伊沙于 1990 年手写的一首诗影印件，宣传其手写稿的真实性，而手稿有可能在 2003 年被翻印，对此我们了如指掌。值得注意的是，芒克回忆录中的许多照片根本就不是旧的，但在翻印时全部做了技术处理，颜色发红发暗，对焦效果不甚理想，那几乎一去不返因而越显特殊的过去画面历历在目。

对于生活快照的一种解读，受到赵毅衡的卡拉 OK 隐喻的启发，因为这照片里的诗人仿佛面对观众和同人发话，即使其表演不具备重大的摄影和历史意义。另一种解读是这些照片恰恰符合诗人在圈外进行形象塑造的策略需要，把“诗人身份”继续通行的社会资本视作极其重要的东西，特别是在“世俗”派诗人当中：如果照片里的人是位诗人，它就自然而然地变得有意思了，哪怕诗人的所作所为不过是吃碗面条。值得注意的是，尽管书籍封面上作者肖像照的专业品质已经得到全面提升，但“崇高”派诗人还是不大经常在视觉化过程中抛头露面。

当代“诗人”的（自我）形象，多次历经重新塑造。在早期朦胧诗中，诗人是争取艺术解放的人文主义代言人。20 世纪 80 年代中期以降，出现了相对立的诗人形象建构趋势：一方是诗歌崇拜中的精英式“高级祭司”（high priest），另一方是宣扬日常生活现实为艺术砖石的“庸常”祛魅者兼渎神者（demystifier-cum-desecrator）。“崇高”和“世俗”美学获得发展并分道扬镳,“诗群”和“主义”在20世纪90年代开始瓦解,转化为个体尝试,无力宣称自身具有重大社会意义,且无论如何,大可不必苦心为之。在20世纪、21世纪之交,出现塑造诗人形象的努力,部分是对诗人退出社会中心舞台的反应,部分是对文化大趋势——视觉化,以及生活时尚杂志中日益风行的个人专栏之类现象的反思。

我用阳性名词和代词统称诗人,反映几乎由清一色男性主导的元文本竞技场。由于女诗人对先锋诗歌发展所做出的重要贡献,因此元文本场男性挂帅的现象就更加引人注目。女性书写发生在被蓝诗玲称作“边缘文类的边缘位置”上,[①] 但边缘性是一个复杂的概念,下面我们很快要涉及这一问题。在元文本中,尽管男性活跃分子积极地谋求女性同人对男性事业的支持,但女性诗人似乎不愿意卷入纷争,或者较少受制于野心强迫症,也不渴望成为祭司或祛魅者。翟永明拒绝参与“民间写作”和“知识分子写作”的论战,即为一例。[②]

上述诗人形象重塑和形象塑造助长了一种持重的、漠视政治的“名流话语”(celebrity discourse),以及当代先锋诗歌中“诗人身份商品化”(commodification of poethood),从骄傲和正义到新潮和无耻的诗歌类别,尽在其中。任何对先锋诗歌“多变性”的理解,姑且不论其在五花八门、相互冲突的刺激中的迅猛发展,都必须考虑到中国现代诗人的身份危机及其合法化问题,这些议题发端于20世纪初期,一路演变至今,不断受到社会、政治和文

① Julia Lovell, *The Politics of Cultural Capital: China's Quest for a Nobel Prize in Literature*, ch. 1.

② 参见 Michelle Yeh, "The 'Cult of Poetry' in Contemporary China," *Journal of Asian Studies*, 55-1, 51-80 (1996)(转载于 Zhang Yingjin, *China in a Polycentric World: Essays in Chinese Comparative Literature*, Stanford UP, 1998)。

化动荡的触发并成为持久不衰的问题，且因为近期受到市场意识的影响而恶化。诗人维系了诗人身份的重要性——无论它代表着（传统）文化精华，还是（现代）“救国图存”的政治理想，或是（当代）个体认同——珍惜它，并将之视为一种允许不同表现形式和阐释方式相互替代而又并存于世的抽象物。

（三）谁的边缘?

在元文本问题上，中国先锋诗歌依然是这个价值观念和生活方式正在迅速转变的社会的一部分。任何市场化努力都将难逃失败的命运——就捞真钞票而言，而非捞名望声誉和免费饮料——而这一文类曾经在上述“名流话语”以及新型传媒中获得过少许成功。

这些话语和媒介的运作方式因时而异、因人而异，之前列举的诗人作品可以为证。于坚在吸引公众眼球的过程中，大致可以被认为是通过改变自己以适应，或者说是积极致力于进行一种新潮时尚、反传统的展示，如果有必要的话，胡说八道、声名狼藉也在所不惜。尹丽川和颜峻的年龄使他们更加自然地与快速扩张的青年文化挂上钩，为构成社会—文化变迁助一臂之力，他们的事业与互联网密不可分。西川对出版物和诗歌活动的视觉展示法保持缄默，代表了“崇高”派一方的态度。

对于于坚、尹丽川和其他诗人，颜峻的程度稍轻，文本和元文本之间存在着分歧：一方面是高雅艺术和寥寥无几的读者，另一方面则是“名流话语”和“诗人身份的商品化”。我们在计算读者数时，除了阅读纸质诗歌的读者之外，哪怕把浏览诗歌网站的人数也计算在内，在有限的生产圈之外，仍然存在着先锋诗歌文本有悖于社会—文化大趋势的事实，即凭借人多势众来界定自身主流地位的趋势。各派诗人莫不以人数多寡区分高下，以“世俗”派自居的诗人即可为例。于坚声称，唐宋时期，古典诗歌是寻常百姓日常生活的一部分，真正的当代诗歌要在“老百姓”当中发挥作用，其言并不令人信服。尹丽川说，尽管大谈特谈“反精英主义”（antielitism）立场，但“下半身”诗歌仍然难以影响精英圈之外的读者，其言更容易令人相信。由于“下半身”诗歌相对易读，其读者当中出现的布尔迪厄所谓的“非生产者”（non-producers），多于西川或车前子这样代表性十足的诗人的读者群，但“下半身”写作改变不了诗歌受冷落的局面。[①]

关于诗歌衰亡之类的问题频频出现在批评话语当中，激发种种讨论，其间诗歌发展至今的价值，以及在诗歌可能的未来当中此诗或彼诗的可取之处关系到上述社会—文化趋势。关于诗歌与这些趋势水火不容的讨论，在痛心疾首或欢天喜地的氛围中进行，还要信心十足地强调诗歌争先恐后的能力。但是，评价不同诗学观念是否适应它们所处的物质环境意义何在？明知看电视的人比诗歌读者多，抑或难以量化诗歌对国内生产总值的贡献，望洋兴叹或者大唱赞歌又有什么意义呢？相反，我们或许希望注意到，从20世纪80年代开始，尤其是在90年代及之后，一大批作者已经写下形形色色的先锋诗歌，并通过五花八门的渠道发表，从知名出版社到私人网站，维系着忠贞不渝、有头有脸的读者群。当代诗歌崛起于80年代，衰落于90年代及之后，诗歌的兴衰与语境有关，与文本或元文本无关，兴也罢，衰也罢，均无从论证。

---

① 于坚：《穿越汉语的诗歌之光（代序）》，杨克主编《1998中国新诗年鉴》，第12页；尹丽川："That's Beijing，'Beijing Writers Face a Dilemma'，" *China Daily*，2 April 2004（interview，online），and Q & A session，Gent：De Centrale，May 2004。

让我们暂时回过头来谈谈“两面红旗”。桂兴华的诗集是政府政策的产物，伊沙的诗集是出版商决定的产物。做出后一决定，出于对写作者名望的考虑，因为在这个时代，自动发放政府津贴早已成为历史的过去，在正常情况下任何指望靠诗歌挣钱的想法都是不切实际的。很多普普通通的先锋诗歌出版物，若无外援就难以见天日，但出版商实际上会努力出版著名诗人的作品，它们被称作“本版书”（original editions），意思是给作者支付版税的书籍。无论如何，用数字——金钱、印数、读者人数——衡量一切，在此用数字衡量诗歌的“相关性”，而其宗旨不包括获得广泛认可和传播以及充当社会道德宣传工具之类的传统和正统理想，这是一种社会—经济化约主义（socio-economic reductionism）。布尔迪厄确认了这一点，他把文学场定义为：“一个分离的、有着自身运行法则、独立于政治和经济的社会领域。”不过，他随后又写道，要理解文学就要理解“相对于权力领域，它是如何被界定的，而且，特别是相对于这个世界的基本法则，即经济和权力基本法则”。[①]

纵观整个20世纪直至当下，中国诗歌现代性已经证明，它很难与“文以载道”的传统诗学思想相结合。由此看来，根据布尔迪厄的“基本法则”，人们常常强调的现代诗歌“边缘化”是一个有效的，实际上在所难免的概念。奚密的观点清楚地表明，现代诗歌最富创造性和影响力的时期，正是它处于边缘之际。[②] 但是，留意到80年代以来的诗歌趋向，以及作用于当代中国的社

---

① Pierre Bourdieu, *The Field of Cultural Production: Essays on Art and Literature*, pp. 162-164.

② Michelle Yeh, "Light a Lamp in a Rock: Experimental Poetry in Contemporary China," *Modern China*, 1992, xxiii-1 and "Anxiety and Liberation: 2007 Notes on the Recent Chinese Poetry Scene," *World Literature Today*, 81 (5), pp. 28-35.

会、政治、经济和文化势力之间关系的巨变，我们可能会问：谁的边缘？是什么使古典诗歌范式、社会—经济发展或权力关系成了中心？谁的中心？艺术创造力（artistic creativity）用一种独特的方式扭曲着我们试图理解一个时刻变化着的世界的努力，同时诗歌的独特性或许恰恰基于这样一个事实，诗歌不会轻易就范去追随公理，抑或在财务上被量化，抑或被转变成一种明显的、支配他者的力量。我们还要避免把诗歌简化为种种刻板的、经典化文化身份结构上的一个瑕疵，或包罗万象的经济“理性主义”，我们应该提防一种貌似可信但问题重重的观点。要想全面了解今日中国诗歌之类的任何事物，用与先锋诗歌发展完全不同的事物做参照标准毫无意义可言，譬如前现代或现代、儒家思想或其他思想以及市场化思想。诗歌适于载道吗？这种诗歌有行情吗？这些都是错误的问题。

（四）谁在乎？

回答上述错误的问题将使我们对一个显然欣欣向荣，即使稍微有些自给自足的文化景象视而不见，且只不过重申了对（现代）诗歌“相关性”所做的诽谤性评论，抑或反过来向诗歌道歉。（现代）诗歌本身是一种文类，它跨越了不同的文化传统。如果诗歌既需要诽谤又需要致歉，那么这绝非什么中国问题。

另外，当我们意识到文化风景线上的变化，即那缠绕着中国当代诗歌并明显对诗歌产生影响的文化风景线，或许希望留下足够的空间，用诗歌的方式去接近诗歌，“让诗回到诗本身”。这不是关于艺术绝对自主的无稽之谈，而是为理解“这种诗歌是什么意思？它如何运作？为谁运作？”等问题所做出的一种努力。

附　录[*]

* 我国先锋诗歌的表达与韩东的创作观念无疑对加深认识荷兰汉学名家的中国现当代文学研究有一定参考和研究意义，故在附录中列入这两篇。

十一

不理你受不了还是不管你乐逍遥*

位于北京东三环北路长虹桥附近龙博广场内的红场秀文化发展公司常推出服装表演、有奖竞猜、歌舞晚会、音乐会等节目。在画家童振刚、诗人方子的共同创意下，红场秀俱乐部于2002年10月18日举办了题为“她们：语言与形象”的活动。红场剧院的廊道里展出了女画家王淑玲、张惠可、朱冰、侯丽梅、石磊、王小琳、日出、枫翎、杜婕的油画作品，构成“形象”部分；在剧院大厅内女诗人潇潇、阿B、冰岛、刘霞、方子的诗歌朗诵，构成“语言”部分和“二手玫瑰”摇滚乐队的现场表演轮流上场。

“玫瑰”们是清一色的男士，可他们演唱的曲目与当日主题十分合拍。在铿锵的打击乐声中登台，头一首歌就大唱特唱结婚离婚，这一主题后来在阿B的长诗《1998红色婚姻系列》中得以再现。除婚姻外，两性关系的主题在其他女诗人的朗诵中

---

* 该文原名为“The Horror of Being Ignored and the Pleasure of Being Left Alone-Notes on the Chinese Poetry Scene”，作为美国俄亥俄州大学东亚语言文学系中国现代文学与文化在线资料中心（Modern Chinese Literature & Culture MCLC Online Resource Center，http://deall.ohio-state.edu/denton.2/biblio.htm）网上论文之一，在2003年春天发表于http://deall.ohiostate.edu/denton.2/mclc/mclctrans/vancrevel.html。

也显得非常突出。在整台朗诵会中，二手玫瑰的歌词既顾全阳刚的舞台形象，又切中女人和男女关系的问题，乃至于歌手梁龙嗓音里的人物对怀孕连连发出“真的？真的？真的？”的惊诧声。有人认为二手玫瑰融通了中国说唱传统和西方摇滚乐。梁龙在台上着女装的习惯再现了东北“二人转”的男女对唱传统，而且反映了大写的女性创作（活动的英文标题叫“Feminine Creativity”)的某些特点。这本来算得上乐队对当日活动所做的有趣而又模棱两可的贡献，可梁龙偏偏选择着“便”装亮相。总之，二手玫瑰的演出自信而投入，音乐稍显刻板但杂糅着颇值一听的阴沉忧郁和尖酸调侃。

作为诗歌朗诵会举办地，红场剧院是很特别的场所：配有舞台、施烟器、灯光设施、背景音乐。致开场白时，剧院的主办人套用一个响亮的老称呼，宣布当日的朗诵会将推出美丽的女诗人。夸人美丽本身没错，当场也全无得罪之意。然而，“美丽”一词还是搭配不当，原因是大部分当代女性诗歌作品并不惹人爱也并不轻受恩赐。阿 B 和方子的朗诵起了纠正作用：阿 B 在《1998 红色婚姻系列》中赞美而又诅咒婚姻；现居纽约的方子富有激情的朗诵使观众难以分神，同时也盖过了嗡嗡作响的背景音乐。

只要合适，诗歌朗诵和音乐本来是一对强有力的搭档。举例来说，诗人黑大春与“目光”摇滚乐队精心演练配合，近期数次成功地举办了自己的诗歌朗诵会。再比如，颜峻在电脑制作的音景（soundscapes）当中的诗歌朗诵。然而，在红场剧院的朗诵会上，音乐不过是生拼硬凑地叠加在诗歌上，而个人朗诵的配乐又多有重复。更糟糕的是，老一套凄凄惨惨的音乐先入为主地决定了观众对女诗人作品的接受度。不免令人发问，为男诗人伴奏会不会选用同样格调的东西？参加红场剧院朗诵会的女诗人对配乐事宜意见不一，但最终所有的朗诵都有音乐伴奏。配乐诗歌朗诵之举多少顺应了当前由声响设备全面普及和更具普遍意义的兴盛的消遣文化所决定的文化大潮。

潇潇最初是反对配乐的诗人之一。不过拿她的朗诵来说，音乐伴奏倒没有大碍，这也许是因为她一开始就朗诵了一首名为《比音乐更忧伤》的诗。在朗诵前的简短发言中，潇潇展示出一种为诗歌致歉的态度，对80—100人的在席听众“在今天这样的时代还来听诗”表达了感激之情。作为出版业内行，潇潇该算对此话题很了解。她曾在1993年与诗人万夏合编了一部内容丰富的《后朦胧诗全集》（四川教育出版社），至今还在从事出版工作。冰岛继潇潇之后照样向观众致谢，“在这样的时代仍然爱诗，这能证明我们都是同类人”，并在《岁月歌谣》的第一部分中发出：“诗歌抒情的时代/已经过去了吗?”的感慨。在介绍刘霞时，女主持杜东彦非要暗示藏在刘霞诸多忧虑背后的“个人隐秘”，刘霞本人为已经“远离诗歌”而忧。如此，二人或多或少给许多中国诗人和评论家近年持有的一种诗观再添上了一层愁绪。

该诗观既是一个社会现象，也是一个文学现象。持这一观点的人承认消费和娱乐在今日社会里所占的举足轻重的地位，但他们拒绝改变与现实格格不入的自傲形象。文艺越脱离主流视野，圈内的尊严反而呈增长态势，但是他们又不可能永远放弃内圈以外的观众。在世界各地，文人艺术家公然受到不“酷”强权（独裁政客也好，资产阶级也好，股市也好）的误解和压迫，简直是件光荣的事情，甚至有人因此故意挑衅强权体制干涉。但文人艺术家与强权观众交锋的过程，只要文艺成就在一定程度上凭其反抗性和社会争议性来衡量，便令人想到王尔德的一句有名格言：“只有一种情况比人家说你闲话还要糟糕，那就是人家不说你闲话。”针对当今中国诗坛，不妨重写：只有一种情况比人家误解你压迫你还要糟糕，即，人家不理你。

作为20世纪90年代初的中国诗歌，人家不理你或许情有可原。从整个社会来看，形形色色的卡拉OK比微妙的文学比喻热门得多，自然走进大众视野。那么，人家有一段时间不理你便无伤大雅，没准还促进诗歌创作发展，但人家继续不理你便难以忍受。

这样的假设能解释近些年来中国文坛为诗歌缺乏社会地位而生的悲怨之情：按此说法，诗歌谈不上什么可喜可贺的边缘性，而干脆是微不足道的东西。这种悲怨之情可从“失败”“衰落”“危机”等措辞中窥见一斑。上述假设还使人归纳，许多先锋诗歌群体和个人虽然声明诗歌独立于主流社会话语而自足存在，但这其实未能变成他们的内心意识。不管是在传统还是现代的参考框架内，也不管是否在严格意义上，他们仍然认同中国文以载道的诗观。或者，他们从实用的角度出发，对当今诗歌的评价好像基于电视观众和诗歌读者的人数对比：前者要比后者多的话，那么诗歌看来什么都不是。情形的讽刺性在于，正是一直被视作先锋文艺发展的外在阻碍力的官方体制和商品化成为评判先锋文艺的标准。否则，有何问题呢？书目、刊物、书店、私人书藏中的诗歌不是呈现出前所未有的多样丰富性吗？更何况网上文学热呢？网络文本的质量通常与其数量成反比，但网络无疑促进了文学的实验、交流、流动。

当然，自20世纪90年代以来，大多数先锋诗集出版是赔本的买卖，很多手稿需要自费出版。粗略地说，一本字数可观的书可能需要出资5000—10000元人民币。可别忘了，90年代的个人诗集数远远大于80年代，诗人受到出版狂潮的鼓舞是其原因之一。回顾当代中国诗歌史，地下诗歌早在60年代就开始萌芽，先锋诗歌已于70年代末走上前台。但只是在那么十来个或二十来个诗歌先驱者屡次挑战官方体制的发难之后，即到80年代后期，先锋诗歌才开始真正地多元化。顺带提一下，这事实有助于解释80年代流行的一句话：往窗外扔一块石头准能砸着一个诗人。这个说法或许主要反映了少数脱颖而出的先锋诗人的异常显性影响。“文化大革命”清晰的记忆衬托了他们的作品；乘着那股官方“解放思想”的新风，先锋诗歌开始为一群没有多少消遣的专心致志的读者进行创作。80年代之际，石头砸着诗人的比喻反而未必意味着写作者多如牛毛、风格极为多元的情景。而刚好是那种情景，才是90年代以来诗坛的真实写照。石头已砸不着诗人，也许是因为如今大街上到处充斥着其他可能受害者：经理，顾问，企业家，旅游观光客，等等。

反正，人们并没有因需要购买书号而停止出版，个人集子数量之多让收藏者兼目录编纂者刘福春等人感到绝望和无从应付。先锋诗歌同时也还是某些一流出版社的品牌标志。比如人民文学出版社的“蓝星诗库”近年已分别将食指、舒婷、顾城、海子、西川、于坚、王家新、孙文波等人的代表作结集出版。再比如，河北教育出版社2002年开始出的“时代诗丛”已有于小苇、吉木狼格、小安、丁当、何小竹、鲁羊、杨黎、柏桦、翟永明、朱文的诗集。主编韩东单独出的个人集子也跟诗丛一样品位不俗。据他所言，出版了上述第一批的10本诗集之后，整个诗丛还将在最近几年出版其他30本诗集，丛书总数达40本。归在第二批的诗人全部于90年代成名，第三批是网上扬名的、大部分出生于70年代的诗人，第四批则收入一些主编觉得目前未得到其应得的承认的优秀当代诗人。值得注意的是，入选上述两套丛书的诗人，先不说他们不需要自己掏腰包，每本诗集尚能得到5000—7000元的一次性稿费，再版费由出版社另行核算。同样重要的是，有名无名的有钱人（包括商人和文学爱好者什么的）赞助官方和非官方诗集、刊物出版的事例也比比皆是。非官方出版物应有尽有，从最粗劣到最精致。精致的有《诗参考》、《诗文本》、《诗歌与人》以及由定居日本的中国人主办的《蓝》。这不过是从几十种广为流传的刊物中所挑选出的几例……

粗略地看，继80年代朦胧诗之后，先锋诗歌占据了由两种不同的（有人认为是相对立的）主流诗潮所圈定的广阔诗歌空间。对诗歌流派进行批评分类非本书篇幅所能及，单说一直有不少诗人和评论家使用各类二分法来界定当代诗作。有各种自贴和被贴的、有说服力和无说服力的标签。例如高贵与日常、书面语与口语、精英与反精英、神话与反神话、文化与反文化或前文化、包容与拒绝、北方与南方、西化与本土化、头脑与肉身，还有在1998—2000年的一次激烈论争当中出现的知识分子写作与民间写作。每一套二分法的前一项大概会囊括王家新、欧阳江河、海子、西川、陈东东、臧棣、西渡等诗人，而韩东、于坚、丁当、周伦佑、蓝马、李亚伟、杨黎、朱文、伊沙、徐江、侯马、杨克、宋晓贤、沈浩波等诗人则经常会被归纳入每套二分法的后一项。其实，两种宽泛的趋势包容了种种个人写作风格，打破了所谓单纯的个别诗观的界限。二分法的有限性较突出的例子，只举两个："叙事"诗人张曙光、肖开愚、孙文波等，还有"另类"诗人车前子、莫非、树才等。

80年代初先锋诗歌在与官方体制就"朦胧"与"精神污染"等问题作战时逐渐站稳脚跟。暂且抛开鸡毛蒜皮的纠葛不提，"知识分子写作"与"民间写作"之争展现了一场在先锋诗坛内部展开的、引人注目的争斗。争论及其报刊上、网络上的煽情报告方式的部分动机是大造声势，为诗歌重新谋取它曾经占有的、位置离中心舞台较近的地位。如前文所及，除非是责备先锋诗歌没走进大众视野，针对文本而指出诗歌的“失败”“衰退”“危机”并非易事。目前创作和出版的难以计数的诗歌中当然有很多垃圾，但同样也出现了不少好诗。为诗歌致歉本身就是一种文体，当今中国并不比其他任何地方或任何时代对这种文体有更多或更少的需求。只得看一个问题：是不理你受不了，还是不管你乐逍遥？

一些很难依据二分法或像“朦胧”“后朦胧”“第三代”“第四代”“70后”那样流行的、谱系式的术语归类划一的诗人统统纳入中国当代“女性诗歌”话语。从翟永明1984年创作的《女人》组诗这个源头算起，女性诗歌呈现出跨代、跨地区、跨风格的特征。像不少文学批评话语类别工作一样，截然不同的诗人被归为同类：舒婷、王小妮、翟永明、伊蕾、陆忆敏、唐亚平、海男、唐丹鸿等等，也包括2002年秋参加红场剧院朗诵会的五位诗人。女性诗歌容纳男诗人作品之类的理论可能性未得到认真探讨，这并不令一般读者或专业读者费解，因为女性诗歌这个提法，一定程度上起源于对女诗人的兴趣，最初也是一种由男性批评家建构的、从文本中解读性别特质的话语。这并没有妨碍女性诗歌批评话语在主题、语言用法等文学范畴内提出理论洞见，有崔卫平、吕进、女性诗歌民刊《翼》主编周攒的评论文章为证。

“她们：语言与形象”活动邀请函上共有六个名字，除了潇潇、阿B、冰岛、刘霞、方子之外，还有尹丽川。她是在2000年让中国诗坛臭名昭著而又欢欣亢奋的“下半身”诗派的杰出代表，其他成员有沈浩波、李红旗、李师江、轩辕轼轲、巫昂、朵渔、马非、朱剑等等。尹丽川最上乘的诗歌既狂放不已又阴森可怖。可是单从性爱、颓废、世故、调侃、倦怠等方面做语义论释不足以承认她对重复、押韵之类的诗歌语音形式特点的有效使用。她的诗根本不符合人们常常设想的女诗人身份那些陈词滥调，她恐怕也不善于为诗歌或为任何东西致歉。或许是因为她的诗里有那么点绝少妄想、不摆架子的意思，读起来，让人觉得作者不在意人家理不理她：不是不理你受不了，而是不管你乐逍遥。尹丽川无故缺席红场剧院诗歌朗诵会可算一证。本来，她要是参加，没准会站在无配乐的一边。尽管她诗里含着对某种音乐的热情，但那种音乐必须放得大得足以淹没任何诗人的声音。

十二

真实的怀疑:韩东

我们看到，直至20世纪80年代中期，人们往往从先锋与正统的疏离入手对之进行反面定义（negative definition）。回首往事，作为中国诗歌史上早期分水岭的1917年文学革命也被从反面定义，当时是以古典传统为参照的。胡适的《文学改良刍议》，即为人熟知的“八不”，引人注目。反面定义有一定的道理。文艺是一项累积性事业，并且我们对文艺的期望是由陈年往事塑造的，这也许恰恰是新事物无法给予我们的。当文艺专注于一首诗或一幅画不是什么之时，聚焦于它所不具备的特征，例如，押韵，或者它与自然世界隐含的相似性，文艺运作就不仅仅停留在潮流、运动和流派等层面上，也发生在个人诗作，甚至单部作品层面上。一个反面定义，比如说，“这种诗歌不押韵”，并不排斥同时存在的正面定义，比如说，“这种诗歌凸显文学的表演方面”。然而，如果一首诗的显著特征仅限于否弃另一特征，其功能相当于评论，而非原文，即使这是一种相对的区别。

20世纪80年代初期以降，作为诗人、编辑和元文本作者的韩东一直是先锋圈内一个卓尔不群、富有影响力的人物。除了两部个人选集，他的诗歌出现在许多重要的多人合集中；他是《他们》杂志的创刊编辑，创办大手笔的《年代诗丛》，长年来为诗歌论争做出了贡献。他的作品成为众多期刊文章和当代诗歌研究专著的重头戏。至于奚密、苏炜、文棣和蓝诗玲触及韩东诗歌，将之与朦胧诗、后朦胧诗、新时代和第三代诗歌等诗歌类别进行比较。特维切尔-瓦斯（Jeffrey Twitchell-Waas）和黄梵在一篇关于南京诗坛的文章中浓墨重彩地描写韩东。由西敏翻译的韩东作品见于诗歌国际网，附有一篇灵动敏锐的介绍性文章。所有先锋诗多多少少持续性地站在正统诗歌的对立面，其中包括韩东的诗歌，但这是白费口舌，因为先锋诗从 80 年代中期开始就使体制黯然失色。重要的是，在先锋诗坛内部，韩东的诗歌常常因为否弃朦胧诗而被从反面定义。原因在于：韩东某些最出名的早期作品反写了著名的朦胧诗人和朦胧诗，他的一些诗学命题同样如此。

（一）拒绝朦胧诗

大学生诗歌经由非官方渠道流传至全国，被集体命名为“校园诗歌”，他们当中许多人推动了校园诗歌的大发展。韩东当时就读于山东大学哲学系，已是小有名气的校园诗人。吴开晋注意到，韩东的一首组诗于 1981 年获得官方刊物《青春》颁发的奖项，他依旧体现了悲剧英雄朦胧诗传统。获奖之后不久，韩东彻底改变了自己的风格。新诗潮从 80 年代中期开始超越朦胧诗。韩东的《山民》被公奉为开山之作。[1]

> 小时候，他问父亲
> “山那边是什么”

① 吴开晋主编《新时期诗潮论》，济南出版社，1991，第 214 页。

父亲说“是山”
“那边的那边呢”
“山，还是山”
他不作声了，看着远处
山第一次使他这样疲倦
他想，这辈子是走不出这里的群山了
海是有的，但十分遥远
他只能活几十年
所以没有等他走到那里
就已死在半路上了
死在山中
他觉得应该带着老婆一起上路
老婆会给他生个儿子
到他死的时候
儿子就长大了
儿子也会有老婆
儿子也会有儿子
儿子的儿子也还会有儿子
他不再想了
儿子也使他很疲倦
他只是遗憾
他的祖先没有像他一样想过
不然，见到大海的该是他了

尽管1982年发表的《山民》影射《愚公移山》的寓言及其在红色年代的接受情况，但是，当主角愚公对大山和子孙感到疲倦时，诗歌就发生了具有反讽意味的转折，与矢志不渝、持之以恒的愚公精神形成鲜明的对照。[①] 此处，我们的兴趣点在于《山民》偏离朦胧诗急转直下，而后者曾以高谈阔论的语气和新颖大胆的隐喻而著称。

较之后期作品，《山民》这首诗尽管稚嫩，但确实预示了韩东最著名的两首诗——《有关大雁塔》和《你见过大海》，它们见于众多诗选集和中国当代诗歌文学史研究著作。它们有着怀疑主义和反讽的特点，用同样故作简单的风格写成。引人注目的是，改革开放以前的中国奇缺这些文学表达方式，在先锋诗歌第一阶段，亦即朦胧诗阶段也罕见。

有关大雁塔
我们又能知道些什么
有很多人从远方赶来
为了爬上去
做一次英雄
也有的还来做第二次
或者更多
那些不得意的人们
那些发福的人们
统统爬上去
做一做英雄
然后下来
走进这条大街
转眼不见了
也有有种的往下跳

① 金汉总主编《中国当代文学发展史》，上海文艺出版社，2002，第 290 页。

在台阶上开一朵红花
那就真的成了英雄
当代英雄
有关大雁塔
我们又能知道什么
我们爬上去
看看四周的风景
然后再下来[①]

此乃经典版《有关大雁塔》，它与一个鲜为人知的早期版本并存于世，后者发表在兰州非官方刊物《同代》上。该诗远离说教和解说，转向有效的沉默，表明了韩东个人风格的转变。聚焦韩东作品中被从正面定义的特征。追随先前的学术研究，首先记住《有关大雁塔》反写了朦胧诗歌，尤其是杨炼的《大雁塔》（1980）。[②] 韩东解构杨炼的传统观念，颠覆了杨炼关于大雁塔的浮夸式文学演示。朦胧诗中雄伟壮丽的中华文明地标，以及普通中国游客对这些事物所谓的期望，统统被韩东消解。从中华人民共和国文学中，包括正统文学作品和早期朦胧诗在内，浮现出众多不同凡响的英雄人物。“当代英雄”让人联想到其中的一个，而非莱蒙托夫小说中的英雄。

韩东重写将近20年后，蔡克霖步其后尘挪用了大雁塔，《大雁塔》的持久影响可见一斑。蔡诗的标题《大雁塔》（2004）和杨炼诗歌同名。蔡克霖的文本回应了韩诗开头两句（“有关大雁

① 韩东：《爸爸在天上看我》，河北教育出版社，2002，第10页。

② Jeffrey Twitchell-Waas & Huang Fan, “Avant-Garde Poetry in China: The Nanjing Scene, 1981—1992,” *World Literature Today* 71, No. 1 (1997), pp. 30-31.

塔，我们又能知道些什么”），也回应了自杀场景，节选如下：

再不怀疑什么
前面就是大雁塔了
……
我已攀上了塔顶
如果展翅
也青空里腾飞
该是件幸福的事了
我压根儿不想
在没有英雄的年代里
充当什么英雄
只想捋去世间浮尘
心，平静下来
听佛说话
……①

因此，互文性继续并延展，相当重要的原因是蔡克霖采用杨诗的标题，并重写韩诗中的重要场景，之后还影射北岛红得发紫的早期文本，而韩东的“有种的”由此再度扭转意义。北岛创作《宣告》，以纪念遇罗克。见下面段落：

在没有英雄的年代里
我只想做一个人
宁静的地平线

① 转引自谭五昌《论蔡克霖〈大雁塔〉》，《新大陆》第87期，2005年。

分开了生者和死者的行列
我只能选择天空
决不跪在地上
以显出刽子手们的高大
好阻挡自由的风[①]

最后，抛下民族骄傲（杨炼）、民族骄傲的解构（韩东）和“文革”期间的不白之冤（北岛），蔡克霖把读者重新导向其他久远的领域，突出大雁塔最初作为藏经阁的功能，用于收藏从印度取回的佛经：“听佛说话。”

早在20世纪80年代初，正如韩东在《有关大雁塔》中反写杨炼，他在《你见过大海》（1983）中回应舒婷，尤其是舒婷激越高昂的《致大海》（1973）和《海滨晨曲》（1975）。[②] 有趣的是，《你见过大海》也可说是韩东自己那首《山民》的续篇，看海是诗中主人公一直未了的心愿。放到一起看，这些互文性关系有助于消解“大海的文学神话”，[③] 以及大海“想象的文化意义”。[④]

你见过大海
你想像过
大海
你想像过大海
然后见到它

① 《北岛诗选》，新世纪出版社，1987，第73—74页。

② 舒婷：《双桅船》，上海文艺出版社，1982，第1—6页。

③ 王一川：《中国形象诗学——1985至1995年文学新潮阐释》，上海三联书店，1998，第239页。

④ 刘树元主编《中国现当代诗歌赏析》，浙江大学出版社，2005，第216页。

就是这样
你见过了大海
并想像过它
可你不是
一个水手
就是这样
你想像过大海
你见过大海
也许你还喜欢大海
最多是这样
你见过大海
你也想像过大海
你不情愿
让海水给淹死
就是这样
人人都这样[①]

毋庸置疑，批判性地回应朦胧诗，并与之断绝关系，是早期韩东部分动机所在。在有关访谈中，韩东承认，由北岛挂帅的朦胧诗当时产生了巨大影响，声言自己这一代人挣脱束缚的尝试可说是一种“弑父”行为。此言契合了20世纪80年代中期年轻作者和批评家间或使用的“打倒北岛！”标语。顺便提一句，韩东追述道，在北岛的力荐下他才刊发了《有关大雁塔》。[②]

---

① 韩东：《你见过大海——韩东集1982—2014》，作家出版社，2015，第12页。

② Michell Yeh, “Light a Lamp in a Rock: Experimental Poetry in Contemporary China,” *Modern China* 18, No. 4 (1992), pp. 396-397.

该刊第3期设有一个专栏，且有老资格诗人牛汉的亲笔签名。另类诗歌，实为先锋诗歌门面的朦胧诗继承者，在形式上获得了官方认可。不久以后，年轻一代对朦胧诗人的拒绝，从程蔚东发表在《文汇报》上的短文中体现出来，文章题为《别了，舒婷北岛》(1987)。[①]

断绝关系之举，不仅从韩东的诗歌中得以彰显，从他自1985年以来发表的早期诗学言论中也可见一斑。其“诗到语言为止”的格言，使人联想到马拉美的论断——诗歌是由语词而非思想所构成的（即使这只是马拉美诗学观的简写版），其他现代作者也发表过相关的言论。韩东的话表达了一种相似的愿望，要对诗歌去神秘化，或者最低限度地强调语言作为诗歌媒介的本体首要性，而不是把诗歌呈现为对其他任何事物的一种延展或转体。在本土语境中，韩东的一番言论也反映了对文学正统和早期朦胧诗所做出的意识形态声明的拒绝。

韩东的警世名言，是中国当代诗歌中最常被引用的诗学立场之一，且催生了多种变体和解读。苏炜和文棣将其译为“诗歌止于语言”。[②] 这意味着，诗歌在“抵达”或“到达”语言之前“停止”，但原意为：诗歌在抵达语言之后才停止。特维切尔-瓦斯和黄帆把韩东的话扩展为“诗歌始于并终于语言”，[③] 这似乎合并了尚仲敏的“诗歌从语言开始”的主张。[④] 于坚写下

---

① 程蔚东：《别了，舒婷北岛》，《文汇报》1987年1月14日。

② Su & Larson, “The Disintegration of the Poetic ‘Berlin Wall’,” *Urban Spaces in Contemporary China: The Potential for Autonomy and Community in Post-Mao China*, Cambridge UP, 1995, p. 299.

③ Twitchell-Waas & Huang Fan, “Avant-Garde Poetry in China: The Nanjing Scene, 1981-1992,” *World Literature Today* 71, No. 1 (1997).

④ 尚仲敏：《反对现代派》，谢冕、唐晓渡主编，吴思敬编选《磁场与魔方——新潮诗论卷》，北京师范大学出版社，1993，第299—232页。

“诗‘从语言开始’到‘语言为止’”时，有意把尚仲敏和韩东的话整合起来。[①] 韩东最初的命题，大致可以追溯到20世纪80年代中期，但起源不甚明了。韩东一如既往，称自己的话从来无意成为理论公式，也不应被转化成某种“真理”，借此淡化其重要性。[②] 假如与韩东的诗歌和诗学主张相提并论，后者因其严肃、严苛、严重的语气及其对抽象的青睐而格外醒目。同时，他针对诸如诗人、读者和批评家角色、灵感、诗歌形式和技巧、诗歌的社会地位等问题的评述具有敏锐的眼光和洞察力。

从1984年到1995年，南京诗刊《他们》是阅读面最广、办刊时间最久的非官方诗歌刊物之一，该刊有助于今日先锋诗歌面貌的形成，韩东是《他们》背后的推手。《他们》并未得到国外学界的充分关注。刊物中文名称的灵感源于乔伊斯·卡罗尔·奥茨的小说《他们》（*Them*），但刊物第5期封面上的刊名被回译成主格 They。刊物的核心作者早在1984年就开始了沟通和合作，包括韩东、丁当和于坚，还有陆忆敏、吕德安、普珉、王寅、小海、肖军和于小伟。共9期纸质版《他们》先后面世：第1—5期发行于1985—1989年，第6—9期发行于1993—1995年。1989—1992年，刊物处于蛰伏期。2002年以降，作为他们文学网的一部分发表于网络。

尽管标新立异不是《他们》的全部意义所在，但从某种程度上讲，《他们》由此确立自己的身份。《他们》的重要意义在于：它是从形式和内容上由宏大升华转向简单庸常的一种早期

---

① 于坚：《拒绝隐喻》，谢冕、唐晓渡主编，吴思敬编选《磁场与魔方——新潮诗论卷》，第310页。

② 韩东、常立：《关于“他们”及其它：韩东访谈录》，他们论坛，2003年8月26日，第475页，斑驳文学网。

表现，因而推动了从“崇高”到“世俗”的发展趋势。韩东的《有关大雁塔》和《你见过大海》均见于南京刊物的创刊号，在这方面是代表性文本。

《他们》第3期（1986）封面列举了十位撰稿人的名字，并在名字下面写了这么一段话：

> 创办《他们》时，我们并没有一个理论的发言，现在仍然如此。但有一些问题变得越来越明确了，我们有必要总结一下。[①]

我们关心的是诗歌本身，是诗歌成其为诗歌，是这种由语言和语言的运动所产生美感的生命形式。我们关心的是作为个人深入到这个世界中去的感受、体会和经验，是流淌在他（诗人）血液中的命运的力量。我们是在完全无依靠的情况下，面对世界和诗歌的，虽然在我们的身上投射着各种各样观念的光辉。但是，我们不想，也不可能用这些观念去代替我们和世界（包括诗歌）的关系。世界就在我们的面前，触手可及。我们不会因为某种理论的认可而自信起来，认为这个世界就是真实的世界。如果这个世界不在我们手中，即使有千万条理由我们也不会相信它。相反，如果这个世界已经在我们的手中，又有什么理由让我们觉得这是不真实的呢？

> 在今天，沉默也成了一种风度。我们不会因为一种风度而沉默，我们始终认为我们的诗歌就是我们最好的发言。我们不藐视任何理论或哲学的思考，只是我们不把全部的

① 《他们》1986年第3期封面。

希望寄托于此。[1]

1988年,《他们》重印了徐敬亚的《中国现代主义诗群大观 1986—1988》编者按,以一句话段落结尾,曰:“我们要求自己更加真实地写作。”[2] 相信韩东就是此文作者。

《他们》第5期发行于1988年底或1989年初,封面上印有韩东的一帧肖像,卷首刊有其诗选(期刊封面上写着大号字“一九八九”,但其封底版本记录页上所引用的出版日期却为1988年11月)。封二上包含韩东的评论文章,题为《写给〈他们〉》:

……为《他们》写作是我们这些人的写作方式,它使我们的诗歌成为可能。可以为一张光洁的纸而写作,可以为好用的笔,我们为《他们》,是同一个意思。有别于理想主义者,不必在目的性上大做文章。我们知道干一件好事,还要知道怎样才能干好。怎样才能干好是干好的保证。普遍缺乏的是前者。

……我们是同志,也是同路人。同路人的情意要大于同志。不能相信的是不择手段的纯正目的。目的的偏差肯定出现在起步之后。……

“他们”不是一个文学流派,仅是一种写作可能。

“为《他们》写作”也是一个象征性的说法。《他们》即是一个象征。在目前的中国它是唯一的、纯粹的,被吸

① 韩东、常立:《关于“他们”及其它:韩东访谈录》,他们论坛,2003年8月26日,第475页,斑驳文学网。

② 徐敬亚等编《中国现代主义诗群大观 1986—1988》,同济大学出版社,1988,第52—53页。

引的只是那些对写诗这件事有所了解的人。

"为《他们》写作"，仅此而已。[1]

当韩东写下"为《他们》写作"时，也让我们联想到四川诗刊《非非》诗人和话语。自1986年创刊以来，《非非》就广为人知。类似地，强调带引号的"他们"并非指刊物名称，而是指撰稿人，不成其为一个文学流派，与常用的"非非派"形成了对照，后者是对在《非非》上发表诗歌的作者的集体命名。[2] 是否存在着一个"他们派"有待商榷，但它与"非非派"的一个不同点在于：后两者集中在北京和四川地区，及其相伴而生的地域身份，而全国各地诗人常常通过信件往来而非身体旅行，自由散漫地相遇在"他们"，情况截然相反。"光洁的纸"和"好用的笔"充当简单的舞台支柱。当时的中国读者或许会与诗歌挂钩的其他一些事物，莫不遭到否弃：真、美、正义、先见之明、备受折磨的灵魂、个人象征等等。编者按的结语"'为《他们》写作'，仅此而已"，乃韩式言论。他力劝读者正确看待事物，尤其是要意识到，有些事物实际上并没有看上去那么多：没那么深入或神秘，没那么复杂甚至是特别。

概而言之，中国诗歌从完全的政治控制中解放出来以后，朦胧诗和朦胧诗人无疑具有最广泛的影响力，而早期韩东的诗歌和诗学对其做出了强劲有力的评述。就其本身而论，韩东的作品预示了我们此后一直以来所见证的多样性。

---

① 韩东：《写给〈他们〉》，《他们》1989年第5期。

② 吴思敬：《走向哲学的诗》，学苑出版社，2002，第86页。

（二）一种原创的诗学观

没有传统的中华文明或自然奇迹经验，没有高谈阔论或歌功颂德，没有远大理想，无须汗牛充栋，也没有文学流派，“仅此而已”。韩东对朦胧诗的拒绝一目了然，但所有这些反驳别有深意。它们显现了一种原创的诗学观，超出了其所在地的文学历史语境。

涉及主题，学界倾向于关注韩东对传统主题的解构，及其对庸常和都市日常生活的青睐。我们将要讨论的《甲乙》（1991）最后四首诗，是后一种倾向的范例。打破机械单调或平铺直叙，由此制造一种冲击效应；当节律或其他形式特征未发生任何变化的时候，诗歌作品的语义出现突变，冲击力来得尤其强大，此乃韩东诗歌少有人问津的一大特点。在《山民》中，韩东初次尝试发现自己的声音，不存在震撼效应，诗歌的声音逐渐低落。而在《有关大雁塔》中，韩东随兴所至，提及个别人跳楼自杀，我们从中确实发现了震撼效应。成群结队的旅行者热切地分享某个公共地标之光荣，对照之下他们的自杀行为平添了一种令人惶恐不安的重要性。除却最初带有讽刺意味的解读，“时代英雄”词组的意思变得模棱两可。说者或许根本就是把“有种的人”看成真心英雄，原因是他们有勇气在大雁塔自绝，从而谴责和消解人们对华夏文明的盲目崇拜。

在《你见过大海》中，重复和近似重复手法一以贯之，几乎整首诗都是为了专门制造一种催眠式的低音效果。于是乎，在未发生听觉或视觉上小波动的情况下，根据言说者的描绘，“你”成了溺水者，被“你”浪漫化的大海成了凶手，从而粉碎了乏味单调。我们再次意识到，诗歌进行了一半时，“可你不是/一个水手”的观察是一次警告。韩东联系到大海，而大海是一种喜闻乐见的跨文学传统诗歌意象，借此暗示诗人和水手的对立：说起大海的诗人不享有权力，享有权力的水手不说大海。我们还将在《甲乙》里目睹另一种相似的震撼效应。

此外，韩东呈现诗歌主题，往往因言说者刻意为之的表面性（willed superficiality）而强化。苏炜和文棣在讨论第三代诗歌时援引了詹明信的概念，[①] 笔者的用法与其不尽相同。苏炜和文棣专注于作为一种后现代标志的表面性，而笔者用到的概念表示一种机制，它遮挡传统套路的推理和联系，导致了一种较为开门见山的陌生化。陈仲义注意到普遍存在于韩东和其他第三代作者当中的一种“客观主义”倾向。[②] 上述陌生化机制是其中的一部分。例如，《有关大雁塔》中的扁平观察，并未导致灵魂追寻或者价值判断，从而颠覆了看似不言而喻的假设：像大雁塔这样的地标建筑，使个体体验到自身的文化遗产，诗歌是表达那种经验的合适载体；抑或参照中国古典传统，登高望远是一个合宜的诗歌主题。说者仅仅观察到，形形色色的人来到大雁塔，爬上高塔，环顾四周，或许享受着成为英雄的幻觉，然后又爬下来，配有关于自杀的画外音，留待读者叩问。压抑常识和传统推理，产生了陌生化效果，这可以概括为诗歌开篇和结尾处的问题：我们又能知道些什么？至关重要的是，上述客观主义并非意味着，作者或说者能够或确实想实现任何程度的表征客观性，而又可以说没有设计读者。

诗评家习惯把韩东的语言运用称作口语化。此乃韩东艺术

① Su & Larson, “The Disintegration of the Poetic ‘Berlin Wall’,” *Urban Spaces in Contemporary China: The Potential for Autonomy and Community in Post-Mao China*, pp. 291–292.

② 陈仲义：《诗的哗变——第三代诗面面观》，鹭江出版社，1994，第26—45页。

被援引最多的特征之一，也是其他《他们》撰稿人频频为人称道的特征。韩东的风格有着巨大影响，因为自从《他们》最初问世以来，口语化写作一直是许多中国诗人求名之道，并继续成为诗歌评论的重中之重。现有学术研究和诗人自身已经点明，这种所谓口语诗的语言与日常生活用语不是一码事，但口语标签有足够的道理，在当下文学—历史语境中确实如此。在这一方面，口语标签再次强调，韩东诗歌的力量不仅在于对一种或另一种书面语的抵制。从正面进行界定，他的用法显得字斟句酌、聚焦清晰、收敛克制。这使得韩东诗歌具有一种宁静的信心和恒心，在对（近似）重复手法的运用上尤其如此。韩东的遣词造句和诗歌形式，即诗行较短的自由体，与其非常匹配。

韩东为数不多的早期诗歌，主要作为摆脱朦胧诗的口语诗开山之作成为经典。其收入多人合集和载入文学史的作品的其他方面因此受到忽略，这或许在所难免。《爸爸在天上看我》（2002）是一部内容丰富的诗集，时间跨度为1982—2001年，表明他的全部作品具有很多侧面。经典化描述简化了事实上复杂的文学文本。我们将重点讨论三首风格迥异的诗歌，经典话语对其中任何一首都无所斩获。韩东艺术的若干特征，汇聚于本章末尾评论的第四首诗《甲乙》中。

首先让我们看看《一堆乱石中的一个人》（1988）：

一堆乱石中的一个人。一个
这样的人，这样的一堆乱石

爬行者，紧贴地面的人
缓慢移动甚至不动的蜥蜴

乱石间时而跳跃的运动员，或是
石块上面降落的石头

不是一面围墙下的那个人
整齐而规则的砖缝前面的那个人

当我们看时停止在那里
把一块石头的温度传递给另一块石头

它的形状是六块相互重叠的石头
现在，渴求雨水似地爬到了
画面的上方①

这首诗所反映的，诚然不是城市生活琐事。相反，根据一种可能的解读，通过一种否定联系法发挥想象力，想象人先变为爬行动物，再变成运动员和石头，继而又变回人——“不是……”，接下来，从第5节开始，再度变成冷血的爬行动物。诗歌并未展现任何一种客观主义。它在句法上模糊不清，比如，第4、第5、第6节之间的衔接。它高深莫测，更别说高不可攀了：什么“围墙”？是砖缝里面还是外面的墙脚下？“我们”是谁？“六块相互重叠的石头”是谁的形状？接下来发生了什么？虽然如此，此文本引人入胜，邀请读者做出多种解读。它也邀请读者把意象归为隐喻，与韩东本人及其早年文学知己于坚宣称的“所见即所得”诗学主张形成对照。最为重要的是，诗歌声音表现了张力、完全介入，且绝无反讽意味。《一堆乱石中的一个人》在诸

① 韩东：《爸爸在天上看我》，第63页。

多方面有别于韩东最著名的作品，它和《有关大雁塔》、《你见过大海》以及将要讨论的三首诗的共同点在于有一种可感可知的专注。比起许多早期朦胧诗和其他倾向“崇高”的文本，该诗更好地处理了隐喻。《一堆乱石中的一个人》中的隐喻数量有限，它们没有制造一团乱麻，而是彼此丰富。

《一种黑暗》（1988）是写于同一年的另一首诗：

> 我注意到林子里的黑暗
> 有差别的黑暗
> 广场一样的黑暗在树林中
> 四个人向四个方向走去造成的黑暗
> 在树木中间但不是树木内部的黑暗
> 向上升起扩展到整个天空的黑暗
> 不是地下的岩石不分彼此的黑暗
> 使千里之外的灯光分散平均
> 减弱到最低限度的黑暗
> 经过一万棵树的转折没有消失的黑暗
> 有一种黑暗在任何时间中禁止陌生人入内
> 如果你伸出一只手搅动它就是
> 巨大的玻璃杯中的黑暗
> 我注意到林子里的黑暗虽然我不在林中[①]

正如《一堆乱石中的一个人》，《一种黑暗》蕴含神秘莫测、超现实的场景和文学技巧，它们通常不与韩东诗歌标志性的去神秘化发生联系：“四个人向四个方向走去造成的黑暗”“在树

① 韩东：《爸爸在天上看我》，第69页。

木中间但不是树木内部的黑暗”“巨大的玻璃杯中的黑暗”，还有地下的岩石的拟人化，在“不分彼此”的句子里。“黑暗”在14 行诗中出现 12 次，在原文结尾诗行和译文前后照应部分获得了咒语般特性。这首诗的语言不难，但也不怎么口语化：“使千里之外的灯光分散平均/减弱到最低限度的黑暗。”诗中一个重要的场景是四个人向四个方向走去。成“see”，是为了保持与结果词“看见”的联系，后者在该诗中是更加重要的表达法。比起《一种黑暗》，《看》更加执意于展现人类接触的不可能性。横亘在“我”和“你”之间的障碍，形式不一。其中，墙和树频频出现在韩东的诗歌中，比如，《墙壁下的人》（1988）和《街头小景》（1999），这两首诗强调了互相感知和互相理解的局限性。[①] 有趣的是，在《看》中，说者在墙边和树上方站位之后，从一个旁白式旁观者变成一个设障者，同时扮演着旁白和主人公角色。第 1 节最后一行几乎是得意扬扬的：“我就是云雾本身。”（很明显，第 7 行的“烟雾”和第 10 行、第 18 行中的“云雾”相接应）在第 3 节中，说话者兼设障者化作鸟，其左眼和右眼互相独立运作。诗末尾几行语带讥诮：“［我］既看见你/［我］也看见他/惟独你们二人/不能相互看见。”虽然这并不是唯一的解读。另一种解读可能性不大，但理论上说得通，其间最后四行可被解读为一种中立看法，甚至表露出悔意。无论如何，《看》，连同韩东的其他诗作，拒绝合群、接触和沟通，甚至也包括通过诗歌进行沟通。这让人想起，诗歌被看成阻碍沟通的一种语言。诗歌的阻碍作用是后结构主义思潮以降理论家、批评家和诗人经常苦思冥想的一个主题，让人心驰神往而又令

① 韩东：《爸爸在天上看我》，第 67、260 页。

人困惑不安。[①] 再者，在韩东的几首诗作中，言说者明显注意到语言妨碍沟通的悖论，而又积极参与其中，《看》即为其中一例。

韩东的《甲乙》是第四个也是最后一个文本，它表明韩东全部的创作比他早期“代表作”更加意蕴深远。洪子诚在《在北大课堂读诗》里回顾了这首诗。这本书记录了教授和研究生们针对中国著名诗人作品的讨论，课程由一位德高望重的资深学者主持。就其本身而论，作为领军高等教育机构的成果，《在北大课堂读诗》是文学经典化进行过程中的一门实物教学课。书中章节涵盖张枣、王家新、臧棣、欧阳江河、翟永明、吕德安、孙文波、萧开愚、西川、韩东、柏桦、张曙光、于坚和陈东东等，展现了先锋阵容在文学史上的卓越地位。

作为韩东专题的主讲人，张夏放介绍了诗人的经历和作品。关于《甲乙》。他注意到，这首诗拆解了传统诗意，引起听者关注他所谓的韩东散文体用法、一些中心意象以及诗歌具有滑稽可笑和触目惊心特性的事实。随后的讨论记录了课堂交流情况，多少有些散乱随意的印象派意味。这无损于发言人冷霜和胡续冬言论的相关性，以及韩东所采用的去人格化技巧。臧棣说，韩东知道如何“进行有力的破坏”。他同时表示，《甲乙》在创作之际，尤其堪称强有力的诗作，韩东在《甲乙》中的所作所为，诗人们后来在20世纪90年代更胜一筹，例如，肖开愚的作品。这里似乎参照使用了90年代诗歌概念，它作为批评类别而非年代类别是一个争论不休的问题，成为1998—2000年民间—知识分子论争的导火索之一。根据前些年支持者的见解，亦包括臧棣，《在北大课堂读诗》中所研讨的诗作大部分被归为90

① Hans Bertens, *Literary Theory: The Basics*, Routledge Press, 2001, p. 126.

年代诗歌，除了韩东、吕德安和于坚的作品。《在北大课堂读诗》结尾部分，承认了 90 年代诗歌这一概念有待商榷的本质。[①]

下面的分析与臧棣的看法相左，显示出《甲乙》的文学价值绝不仅限于其曾经的离经叛道：传统成规也罢，先锋内部成规也罢。

甲乙二人分别从床的两边下床
甲在系鞋带。背对着他的乙也在系鞋带
甲的前面是一扇窗户，因此他看见了街景
和一根横过来的树枝。树身被墙挡住了
因此他只好从刚要被挡住的地方往回看
树枝，越来越细，直到末梢
离另一边的墙，还有好大一截
空着，什么也没有，没有树枝、街景
也许仅仅是天空。甲再（第二次）往回看
头向左移了五厘米，或向前
也移了五厘米，或向左的同时也向前
不止五厘米，总之是为了看得更多
更多的树枝，更少的空白。左眼比右眼
看得更多。它们之间的距离是三厘米
但多看见的树枝都不止三厘米
他（甲）以这样的差距再看街景
闭上左眼，然后闭上右眼睁开左眼
然后再闭上左眼。到目前为止两只眼睛
都已闭上。甲什么也不看。甲系鞋带的时候

① 洪子诚主编《在北大课堂读诗》，长江文艺出版社，2002。

不用看，不用看自己的脚，先左后右
两只都已系好了。四岁时就已学会
五岁受到表扬，六岁已很熟练
这是甲七岁以后的某一天，三十岁的某一天或
六十岁的某一天，他仍能弯腰系自己的鞋带
只是把乙忽略得太久了。这是我们
（首先是作者）与甲一起犯下的错误
她（乙）从另一边下床，面对一只碗柜
隔着玻璃或纱窗看见了甲所没有看见的餐具
为叙述的完整起见还必须指出
当乙系好鞋带起立，留下了本属于甲的精液[①]

与《看》不同，我在《甲乙》中把“看”翻译成“look”，有时甚至把“看见”翻译为“look”。“看”在此是更加重要的表达。在汉语中，韩东称诗中主人公为“甲乙”（天干之首两位），其用法相当于虚数，比起代词，“甲乙”更加有效地将主人公去人格化。选用简单而稍显正式的技术词，强化了去人格化效果。本质主义意义上散文和诗歌的区别，在此不甚相关，但是否应该像张夏放那样，把韩东的用语冠名为散文式，有待商榷。任何人都可以提出异议，指出诗中着重重复的词语和短语，例如，第3行、第5行的“因此”和贯穿全诗的“看”。再者，诗意的用法，在这种情况下最低限度的意思指韩东浓缩的语言，并不排除张夏放所留意的诗中叙事感。[②] 且回到去人格化问题上，“有意的表面性”即为一例，言说者不满足于记述甲弯

① 韩东：《爸爸在天上看我》，第137—138页。
② 洪子诚主编《在北大课堂读诗》，第250页。

腰系鞋带后看一小会儿窗外，而是详细地描述了其一举一动。例如，为了编造不同的情节，运用高科技仪器为抢银行做准备，这种描述兴许能制造张力，把诗歌推向高潮。然而，在此，甲的行为，或者说确实是他这种人的存在本身，初次被感知，且无法激活意义建构的现成框架。这就解释了言说者何以无力选择，而沉迷于记录细节，似乎漫无目的。在一门语言中所发生的一切，与科学观察语言无异：甲几何式多看树的尝试，量化的身体移位，诸如“差距”和“目前为止”的表达法。言说者陈述人们日常经验中显而易见的东西，借以从去人格化转向去人类化，换而言之，转向更加强烈的陌生化。在这方面，韩东和于坚之间的文学亲缘关系格外凸显。

正如在韩东的许多诗作中，“看”是中心意象之一。《甲乙》大部分文本着眼于准确描述“看”这一行为，从中透露出来的信息关乎感知的局限性。这种情况发生在多个层面上。首先是字面意义：甲看树的视线被围墙遮挡，而如果他接受围墙的限制，就分享着墙内的空虚，他试图避开围墙，不仅是为了多看看树，也是为了少看看空虚。再者，“也许仅仅是天空”（第9行）中的“也许”和“隔着玻璃或纱窗看见了甲所没有看见的餐具”（第28行）中的“或”，强调我们无从知晓别人的感知。在诗中，这种不可能性不仅适用于主人公甲的同伴乙这样的凡夫俗子，而且适用于除此之外全知全能的说话者。甲向窗外望去、闭上眼睛、完成系鞋带等行为的过渡，又是陌生化的运作机制，推理思路由此而生，它“本身”不合逻辑，是没有推理者的推理（假如存在这样的事物），但我们知道它虚假不实，不知为何又觉得想想蛮好玩的。我们不能确定甲为何闭上眼睛，睁开眼睛，最后再次闭上眼睛。他在测试视力吗？直至我们意识到，这对言说者来说完全合情合理。甲完成了看窗外的动作，系鞋带时无须看脚。他闭上眼睛，停止观看，就像食物被吞咽后从嘴里消失，某人停止咀嚼一样。系鞋带的动作，漫不经心地把我们拉回到甲的童年，其相当于社会经验的缩影。个人学会这样或那样，做得好就受到表扬，变得擅长起来，而且在修订版《爸爸在天上看我》中，他对自己擅长的事情感到厌倦，不改初衷。

《甲乙》表明，韩东操控日常生活琐事，将之处理成诗歌素材，在这方面最为老到。如果我们决定对所见所闻进行表层解读，整个世界或许存在于最细微处，在诗歌中，也可能在生活的其他方面，此乃所获信息的一个重要部分。与以上评述的诗歌保持一致，这种表层解读的另一个关键点在于：玩世不恭地看待人类共处和互动。在开头几行诗中，甲和乙被描绘成背靠背坐着。乙从视野中消失，直到结尾场景才复现。在结尾处，说话者注意到，甲忽视了乙，甲和乙看到不同的事物，却互相视而不见。甲看到窗外的世界，乙看见体现在橱柜里餐具上的家务活。此景语带讥诮，调动了关于异性婚姻陈词滥调、极端保守的想入非非，继而引出第 27 行诗，对乙的女性身份进行迟到的辨认。乙站起来，甲的精子离开了她的身体，也就是说，疏离了他的精子，证实其根本性分离。在这种情况下，关于性交和繁殖机制的常识遭受陌生化局外人观点的压制，根本性分离同样适用。身体交媾和受孕的可能性，均根本无法改变这样的观点，据此人类接触与无力进行真正互动的莱布尼茨式单子偶遇毫无二致。相反地，性生活和浪漫爱情之类事物任何“天真的”联系，有可能致使言说者如此描述甲和乙：两人极其痛苦地性交之后，形同陌路，且使诗歌的结尾（天真得）可耻。就其本身而论，根据张夏放在北大课堂上所做的报告，精子似乎是韩东的噱头之一。为了阐明该诗如何拆解了传统诗意，张夏放说："它很可能给读者造成一种心理上和生理上的'不洁'感。"[①] 有人也许把它看成张夏放道貌岸然的标志，或者是公开记录享有盛誉的中国高校课堂活动的假道学。无论如何，诗歌最后一行（"留下了本属于甲的精液"）不仅仅意味着不洁或可耻。有人也可能这样解读：言说者用反讽的方式满足了某种特殊的读者期待。那好吧，此乃你的线索，或者说是你的妙语，虽然它毫无意义。

最后，我们应该再度审视说话者，由于第26行中提及诗歌作者，所以，我将其当作男性。言说者无法分享主人公的感知，还质疑和贬低自己语词的相关性。他突然概括了自己对甲头部动作的仔细报道（如第12行中的"总之"），且发出无动于衷的议论——甲可能30岁，而他完全有可能60岁。在诗歌末尾，说话者使人更加强烈地感受到自己在场。他明明白白地贬低主人公，说他是牵线木偶，凸显了诗歌作为文本建构物的人造性。甲未注意到乙是作者所造成的第一个错误。再者，称其为"我们的"错误，言说者使读者成为从犯。如果我们接受言说者的说法，未注意到乙，对她视而不见，抑或避而不见（忽略），这表明了对创作过程的一种看法，其间作者没有或不想有完全的控制权。如果我们拒绝，反而能发现一种深思熟虑的作者策略。最后，诗中倒数第2行（"为叙述的完整起见还必须指出"）运用了一种文学元意识（meta-consciousness）和正式的、近乎官腔的语言，以彻底区分说话者和诗歌其余部分，以及两者之间的反讽距离（韩东在2002年再版时，重新修改了1993年《他们》中的版本，并且重新加入了这句话）。

韩东最著名的一些早期作品否弃了朦胧诗，当前的文学史

---

① 洪子诚主编《在北大课堂读诗》，第253页。

和批评予以其莫大的关注。这可以理解，但导致了以下风险：前面的诗作遭到贬低，成为其他文本的评论，被从反面进行定义。以韩东为例，早期经典化导致简单化的危险，且确实存在严重曲解。若干特征共同构建了韩东独树一帜、富有影响力的声音：庸常主题、刻意的浅显描写、口语、文学元意识。最后，但同样重要的是他在处理这些事情上所表现的个性和老练，或者，反过来说，解构英雄主题，压制成规性解读，拒绝文学语言，把陌生化当作一种基本的文本态度。第一组特征，将使韩东的诗歌成为这样一种诗歌：相信真实性，相信个体经验，以此衡量一切事物，有时甚至达到荒诞程度。第二组特征，则使之成为这样一种诗歌：不相信感情，不相信个体经验之外的任何事物。虽然两者均大有裨益，但还存在着一个重要的主题，它难以契合第一组特征，而轻而易举地加入第二组，即为这种诗歌针对人类接触和交流（包括通过诗歌进行交流）的怀疑主义。韩东的诗学观本身就是怀疑诗学。韩东的怀疑是存在主义式的怀疑，反衬早年北岛在《回答》中过度曝光的“我—不—相—信!”它本身就是一种“真实的”怀疑。[①] 北岛实为秉持“我—真的—相—信”人文主义价值观，例如个人尊严，而个人作为社会正义支配下的团体一员。《回答》是北岛早期代表作，原因在于它根本就是一种信仰表达。“我—不—相—信”是一种反抗宣言，但同时本质上表达两层肯定。其一，它在一种宏大叙事内部运作，体现了毛泽东时代话语余音缭绕的影响；其二，北岛相信的范围超出一句独立俏皮话短语的表层语义，远远大于他怀疑的范围。相比之下，韩东存在主义式的怀疑自始至终。

---

① 阎月君等编选《朦胧诗选》，第 1 页。

主要参考文献

《多多诗选》，花城出版社，2005。

《毛泽东选集》第3卷，人民出版社，1991。

D. W. 佛克马：《中国文学与苏联影响（1956—1960）》，季进、聂友军译，北京大学出版社，2011。

R. P. 迈耶：《低地国家文学史》，李路译，刘坤尊、贺祥麟校，广西师范大学出版社，1995。

爱德华·W. 萨义德：《文化与帝国主义》，李琨译，三联书店，2003。

陈仲义：《诗的哗变——第三代诗面面观》，鹭江出版社，1994。

杜威·佛克马：《马尔科的使命》，张晓红译，《当代外国文学》2001年第1期。

杜威·佛克马等：《苍山夜话》，学林出版社，2006。

杜威·佛克马、弗朗斯·格里曾豪特编著《欧洲视野中的荷兰文化：1650—2000年阐释历史》，王浩等译，广西师范大学出版社，2007。

房龙：《宽容》，纪飞等编译，清华大学出版社，2007。

佛克马、伯顿斯编《走向后现代主义》，王宁等译，北京大学出版社，1991。

佛克马、蚁布思：《文学研究与文化参与》，俞国强译，北京大学出版社，1996。
韩东：《爸爸在天上看我》，河北教育出版社，2002。
何言宏：《“重写诗歌史”！——诗歌研究与诗歌批评》，《当代作家评论》2009年第2期。
黑特·马柯：《阿姆斯特丹：一座城市的小传》，张晓红、陈小勇译，花城出版社，2007。
洪子诚主编《在北大课堂读诗》，长江文艺出版社，2002。
洪子诚：《相关性问题：当代文学与俄苏文学》，《中国现代文学研究丛刊》2016年第2期。
金汉总主编《中国当代文学发展史》，上海文艺出版社，2002。
刘树元主编《中国现当代诗歌赏析》，浙江大学出版社，2005。
芒克：《瞧！这些人》，时代文艺出版社，2003。
尚仲敏：《反对现代派》，谢冕、唐晓渡主编，吴思敬编选《磁场与魔方——新潮诗论卷》，北京师范大学出版社，1993。
生安锋：《文学的重写、经典重构与文化参与——杜威·佛克马教授访谈录》，《文艺研究》2006年第5期。
舒婷：《双桅船》，上海文艺出版社，1982。
王蕾：《佛克马研究》，中国社会科学出版社，2013。
王宁：《佛克马的比较文学和文化理论思想》，《中国比较文学》2007年第1期。
王宁：《中国现当代文学研究在西方》，《中国文化研究》2001年第1期。
王一川：《中国形象诗学——1985至1995年文学新潮阐释》，上海三联书店，1998。
吴开晋主编《新时期诗潮论》，济南出版社，1991。
吴思敬：《走向哲学的诗》，学苑出版社，2002。
向卫国：《边缘的呐喊》，作家出版社，2002。

肖全摄《我们这一代》，花城出版社，2006。

谢冕：《在新的崛起面前》，《光明日报》1980年5月7日。

谢默斯·希尼：《诗歌的纠正》，黄灿然译，《倾向》2000年第13期。

徐江：《这就是我的立场》，《诗参考》1999年第14、15期。

徐敬亚等编《中国现代主义诗群大观1986—1988》，同济大学出版社，1988。

颜峻：《燃烧的噪音》，江苏人民出版社，2004。

阎月君等编选《朦胧诗选》，春风文艺出版社，1985。

杨四平：《20世纪中国新诗主流》，安徽教育出版社，2004。

于坚：《穿越汉语的诗歌之光（代序）》，杨克主编《1998中国新诗年鉴》，花城出版社，1999。

于坚：《拒绝隐喻》，谢冕、唐晓渡主编，吴思敬编选《磁场与魔方——新潮诗论卷》，北京师范大学出版社，1993。

于坚：《诗集与图像》，青海人民出版社，2003。

约翰·赫伊津哈：《伊拉斯谟传：伊拉斯谟与宗教改革》，何道宽译，广西师范大学出版社，2008。

张闳：《声音的诗学》，中国人民大学出版社，2003。

张健雄编著《荷兰》，社会科学文献出版社，2003。

张晓红：《互文视野中的女性诗歌》，广西师范大学出版社，2008。

张晓红：《女性诗歌批评话语的重建》，《当代文坛》2009年第1期。

钟鸣：《旁观者》共3册，海南出版社，1998。

庄柔玉：《中国当代朦胧诗研究：从困境到求索》，大安出版社，1993。

Bourdieu, Pierre, *The Field of Cultural Production: Essays on Art and Literature*, edited by Randal Johnson, Various Translators,

Polity Press, 1993.

Fokkema, Douwe W., "Chinese Postmodernist Fiction," *Modern Language Quarterly*, No. 69 (2008).

Fokkema, Douwe W., "Cultural Relativism Reconsideration: Comparative Literature and Intercultural Relations," *Issues in General and Comparative Literature*, Papyrus, 1987.

Fokkema, Douwe W., *Literary Doctrine and Soviet Influences 1956–1960*, *Mouton & Co.*, 1965.

Fokkema, Douwe W., *Perfect Worlds: Utopian Fiction in China and the West*, University of Amsterdam Press, 2011.

Fokkema, Douwe W., "Rewriting: Forms of Rewriting in the Chinese and European Traditions," *Comparative Literature: East and West*, No. 1 (2000).

Fokkema, Douwe W., Elrud Ibsch, *Knowledge and Commitment: A Problem-Oriented Approach to Literary Studies*, John Benjamins Publishing Company, 2000.

Fokkema, Douwe W., Frans Grijzenhout (eds.), *Dutch Culture in a European Perspective: Accounting for the Past 1965 – 2000*, Royal van Gorcum/Palgrave Macmillan, 2004.

Heather, Inwood, "On the Scene of Contemporary Chinese Poetry," Ph. D. Thesis, University of London, 2008.

Heijns, Audrey, *The Role of Henri Borel in Chinese Translation History*, Routledge, 2020.

Idema, Wilt, Lloyd Haft (eds.), *A Guide to Chinese Literature*, Center for Chinese Studies, University of Michigan, 1997.

Ingelhart, Ronald, *Modernization and Postmodernization: Cultural, Economic, and Political Change in 43 Societies*, Princeton University Press, 1997.

Kroeber, Alfred Louis, Clyde Kluckhohn, *Culture: A Critical Review of Concepts and Definitions*, Vintage Books, 1965.

Lovell, Julia, *The Politics of Cultural Capital: China's Quest for a Nobel Prize in Literature*, Hawaii University Press, 2006.

Lyotard, Jean-Francois, *The Postmodern Condition: A Report on Knowledge*, Manchester University Press, 1984.

Martha, Naussbaum, *Cultivating Humanity: A Classical Defense of Reform in Liberal Education*, Harvard University Press, 1997.

Michelle, Yeh, "Anxiety and Liberation: Notes on the Recent Chinese Poetry Scene," *World Literature Today*, No. 81 (2007).

Michelle, Yeh, "Light a Lamp in a Rock: Experimental Poetry in Contemporary China," *Modern China*, No. 18 (1992).

Michelle, Yeh, "The 'Cult of Poetry' in Contemporary China," *Journal of Asian Studies*, (1996).

Pierre, Bourdieu, *The Field of Cultural Production: Essays on Art and Literature*, edited by Randal Johnson, Various Translator, Polity Press, 1993.

Popper, Karl, *Conjectures and Refutations—The Growth of Scientific Knowledge*, Routledge Classics, 2002.

van Crevel, Maghiel, *Chinese Poetry in Times of Mind, Mayhem and Money*, Brill, 2008.

van Crevel, Maghie, *Language Shattered: Contemporary Chinese Poetry and Duoduo*, CNWS, 1996.

Zhang, Yingjin, *China in a Polycentric World: Essays in Chinese Comparative Literature*, Stanford University Press, 1998.

后　记

这样一本小书，于我是一次意义非凡的学术回顾、思想回溯和心灵回望。从北京到莱顿再到深圳，从学术“小白”到留学博士生再到比较文学教授，我不仅经历物理空间里的“乾坤大挪移”，更深刻体验过精神上的“抛物线运动”。本书的主要研究对象——佛克马和柯雷，是我的两位授业恩师，更是我的人生导师，他们的智思和人性之光点亮了我生命中披星戴月、风雨兼程的北欧岁月。

佛克马来自荷兰北部弗里斯兰，祖祖辈辈靠种植土豆为生，佛克马之父是家族里唯一的读书人，当过中学历史教师和中学校长。柯雷出生于南部鹿特丹犹太世家，祖父和父亲都是著名的医生。佛克马衣着考究、风度翩翩，做事一丝不苟，说话滴水不漏，属于标准的欧洲老派绅士。柯雷常年着牛仔 T 恤，不是长发飘飘就是光头闪亮，健壮的胳膊上纹着飞龙图案文身，一副嘻哈雅皮士做派。佛克马有着科学家的严谨精确和文学家的敏感多思，柯雷浑身上下则同时散发着哲学家的睿智犀利和艺术家的随性散漫。两人出现在同一场合，多少有点“违和”感，但两人又确实代表了不同类型、同样典型的荷兰人群体。典型的荷兰价值观集协商原则、实用主义和个体幸福观于一体，在极大程度上表现出通融、模糊和“两可”的特性。荷兰人平均身高世界第一，男性平均身高 1.85 米，女性平均身高 1.75 米。荷兰人常常自嘲，因为面积太少、空间太小，住房门面狭窄、楼梯陡峭，人也只能往上拔高。荷兰文化是二律背反的大展台。荷兰是第一个立法认可同性婚姻、安乐死、软毒品和妓院的国家。荷兰的法律是法国人的笑柄：在荷兰违反交通法规可能受重罚，而杀人放火可能免牢狱之苦；卖毒品是非法的，而吸毒是合法的。荷兰人拥戴王室而追求平民化生活，极度崇美而坚守欧盟阵线，擅长贸易而热爱艺术，鼓吹种族包容而缩紧移民政策，富有敬业精神而时刻盘算退休金的数额，热衷于旅行而富有乡土观念，生活简朴而又贪恋豪宅和游艇。荷兰人常常自嘲，荷兰没有民族性，荷兰人没有文化认同感。我说，荷兰人的民族性不明显，是种种矛盾相互抵消、相互中和的结果。

初识佛克马，是在 1997 年北京语言大学全球化国际会议上，会议组织者王宁教授安排我给佛老当会议翻译和陪同翻译。会议结束后，我和佛老开始了长达两年的书信来往，我们谈天说地、明心励志、言情说理，渐渐成为莫逆之交和知心笔友。佛老觉得，我慧根不浅，在学术上应该有更高的追求。他在一封信里写道："撰写博士论文，是一生只有一次的体验。"我和柯雷相识，同样缘于一封信。1999 年，我在丹麦哥本哈根大学国际交流学院交换学习，主修安徒生童话、北欧文学、北欧神话、西方现代艺术史、存在主义哲学等课程。经佛老牵线搭桥，我要到了荷兰莱顿大学最年轻、最酷帅的柯雷教授的联系方式。我冒昧地用中文写了一封羞涩腼腆的自荐信，追溯自己青春时代对朦胧诗的痴迷，表达了追随柯雷从事中国当代诗歌研究的心愿。博士学位论文答辩结束后的答谢酒会上，柯雷神秘兮兮地掏出一份贺礼。我打开包装，里面有我当年手写的自荐信和柯导的一封亲笔贺信，字里行间调侃我做不到"从一而终"，当年对舒婷“情深意切”，博士学位论文的主要研究对象却变成“后朦胧”诗人的杰出代表翟永明。佛老是我学术梦想的点燃者，柯雷是我学术苦旅的导航者，在被塑造的同时我也不断尝试去重新塑造和重新定义自我。

学术旅途，长路漫漫。两位恩师的言传身教，给我留下了刻骨铭心的记忆。2001 年，我以班级第一名的荣誉毕业生身份结束莱顿大学非西方研究院高级硕士项目学习，同时正式向莱顿大学申请国家博士生奖学金（AIO），班里六名不同领域的高级硕士接到录取通知，我却意外惨遭淘汰。据时任汉学系主任柯雷的解释和开导，非西方研究院科学委员会的决定主要考虑学院、专业和导师三方面的平衡。2000 年，柯雷已经招收一个研究中国古代哲学家文子的荷兰博士研究生，当年必须轮空，而刚从海德堡大学引进的中国现代史研究专家施耐德（Axel Schneider）教授获得了汉学系当年唯一的招生指标。这一记闷棍把我打懵，自信心七零八落碎了一地。深夜十点，天空下着冷冷的雨，我徘徊在运河边，意兴阑珊，泪如雨下。突然，电话铃响了，是佛老的电话。那天晚上，佛老说了很多很多，既有人生哲理的感悟，也有个人经历的回味，最后他叮嘱我记住，时刻保持“头脑冷静，双脚干燥”。后来，莱顿大学非西方研究院破例给我提供了一年的“三角洲”奖学金，资助我开启了博士研究项目。2002 年，我顺利地拿到国家博士生奖学金，并用短短两年半的时间完成了 10 万字的英文博士学位论文，成为莱顿大学人文学院完成博士学位论文用时最少的博士研究生。答辩前夕，柯雷教授把我召到办公室训话和鼓气：“记住，这是你的大日子。灭掉他们所有人！”在 2004 年 12 月 2 日博士学位论文答辩会上，我舌战十一位答辩委员会成员，以出色的表现赢得满堂喝彩，并获得荣誉博士毕业生称号。无巧不成书，柯雷的导师伊维德、柯雷和我碰巧就是莱顿大学汉学系历史上“祖孙”三代荣誉博士毕业生。

柯雷曾经戏说：“带博士生就像养猪一样，把猪养得白白胖胖，饲养员才有存在的价值。”或许，无论我怎么努力奔跑，都永远无法成为导师们心目中理想的学术“猪猪侠”，但对学术的敬畏和热爱，长在心里最柔软而又最坚硬的角落里，用自己的方式美丽绽放、永不凋谢。

路在脚下生根，思在空中开花。

谨以此书敬献给我永远的恩师们！

图书在版编目(CIP)数据

荷兰汉学研究文集 / 张晓红著 .--北京：社会科学文献出版社，2025. 1. --ISBN 978-7-5228-4948-5

Ⅰ. K207. 8-53

中国国家版本馆 CIP 数据核字第 2025DY0984 号

荷兰汉学研究文集

著　　者 / 张晓红

出 版 人 / 冀祥德
责任编辑 / 赵　晨
文稿编辑 / 梅怡萍
责任印制 / 王京美

出　　版 / 社会科学文献出版社 · 历史学分社（010）59367256
地址：北京市北三环中路甲 29 号院华龙大厦　邮编：100029
网址：www. ssap. com. cn
发　　行 / 社会科学文献出版社（010）59367028
印　　装 / 唐山玺诚印务有限公司

规　　格 / 开　本：787mm × 1092mm　1/16
印　张：14. 25　字　数：170 千字
版　　次 / 2025 年 1 月第 1 版　2025 年 1 月第 1 次印刷
书　　号 / ISBN 978-7-5228-4948-5
定　　价 / 89. 00 元

读者服务电话：4008918866